中国农村土地现实问题研究丛书

我国农村土地两权关系演变规律

The Evolutive Laws between Ownership and Management Rights of China's Rural Land

兰 玲◎著

经济管理出版社
ECONOMY & MANAGEMENT PUBLISHING HOUSE

图书在版编目（CIP）数据

我国农村土地两权关系演变规律/兰玲著．—北京：经济管理出版社，2016.9
ISBN 978－7－5096－4593－2

Ⅰ．①我…　Ⅱ．①兰…　Ⅲ．①农地制度—研究—中国　Ⅳ．①F321.1

中国版本图书馆 CIP 数据核字(2016)第 212534 号

组稿编辑：王光艳
责任编辑：许　兵
责任印制：黄章平
责任校对：王淑卿

出版发行：经济管理出版社
（北京市海淀区北蜂窝 8 号中雅大厦 A 座 11 层　100038）
网　　址：www. E－mp. com. cn
电　　话：（010）51915602
印　　刷：北京九州迅驰传媒文化有限公司
经　　销：新华书店
开　　本：720mm×1000mm/16
印　　张：11
字　　数：174 千字
版　　次：2017 年 1 月第 1 版　　2017 年 1 月第 1 次印刷
书　　号：ISBN 978－7－5096－4593－2
定　　价：58. 00 元

前言

农村土地两权关系，是指农村土地所有权与经营权的关系。从我国农村发展的历史来看，农村的每一步变革与发展都是以农村土地所有权与经营权关系演变为核心的。本书以马克思主义政治经济学作为理论基础，对我国农村土地两权关系的演变过程进行了历史研究与现实分析，通过系统的演绎分析与逻辑论证，揭示了我国农村土地两权关系演变的一般运行规律、特征及基本发展趋势。希望在一定程度上能够弥补关于农村土地两权关系理论研究中的不足与缺憾，为我国农村土地两权关系的未来发展提供一些理论指导。

我国农村土地所有权与经营权关系经过了以下几个演变过程：奴隶社会时期，土地两权关系由原始社会的共占共用演变为土地王有制下的两权分离；封建社会时期，演变为土地地主所有制下的两权分离；新民主主义革命时期，在土地改革后，我国农地两权关系演变为农民私有制下的两权统一；社会主义革命时期，我国农地两权关系在初级农业生产合作社时，演变为农民私有制下的两权分离，在高级农业生产合作社和人民公社时期，演变为集体所有制下的两权统一；改革开放以来，我国农村普遍实行了家庭联产承包责任制，我国农地两权关系演变为集体所有制下的两权分离。

透过农村土地所有权与经营权之间分分合合的演变过程，可以得到我国农地两权关系演变的规律内容：其一，生产力是我国农地两权关系演变的决定因素，我国农地两权关系的演变是由生产力发展的客观要求决定的。不仅从总体上来看，生产力发展决定了我国农地两权关系演变，并且主导生产力与其他生产力的关系、个体生产力与总体生产力的关系，总之决定着我国农地两权关系的演变。其二，生产关系是我国农地两权关系演变的制约因素，生产关系内部诸要素的相互作用推动着我国农地两权关系的演变。生产资料所有制是我国农地两权关系演变的制度性前提，经济体制对于我国农地两权关系演变也产生了非常重要的影响作用。其三，上层建筑是我国农地两权关系演变的重要影响因素。在我国农村土地两权关系演变过程中，政治的上层建筑和意识形态都对其产生重要的影响作用。其四，我国农地两权关系的本质是利益关系。利益主体间的利益关系推动着我国农地两权关系的演变，在不同的生产力发展水平和所有制条件下，农村土地的收益权与处分权也随着农地两权关系的演变而发生变化。

规律总是现象背后的客观存在，我国农地两权关系演变规律在外在表现形式上也符合一般经济规律的特征：由于受土地生产要素的特殊性、地租表现形式的复杂性等、多种因素的影响，导致我国农地两权关系演变规律的外在表现更为复杂化；由于我国农地两权关系的实现形式多样化、我国农地两权关系统一与分离相互交织存在、地租形式多样化，导致我国农地两权关系演变规律的外在表现更为多样化。

我国农地两权关系变革只有符合这一规律才会促进农业生产力和整体生产力的发展，而违背这一规律则会对生产力造成破坏，这既可以从中国历史的发展中得到验证，又可以指导未来我国农地两权关系变革。农地两权关系实质是以技术为基础的人与人之间的关系，我国农地两权关系既反映和影响主体力量间的利益关系，又反映和影响社会的阶级关系、城乡关系、工农关系、社会公平与效率等，运用好这一规律，有助于我们协调好这些关系，促进社会经济协调发展。

我们要在正确认识我国农村土地细碎经营与规模经营、农村富余劳动力与农业劳动生产率低下、集体所有权与经营权虚位等一系列与农地两权关系相关的问题的基础上，使我国农地两权关系变革必须遵循符合生产力发展的客观要求；尊重农民利益，提高农民生产积极性和经营积极性；在社会主义市场经济体制下兼顾公平和效率这三个基本原则。而我国农地两权关系的未来发展则必然要在稳定农地集体所有权的基础上进行，在相当长的时期内，农地两权分离会一直存在，随着农民对于土地经营理念的增强、农地经营权的流转和发展、集体在规模经营中作用的增强，农村土地会在两权分离的基础上一定程度地回归集体经营，农地两权关系变革的长期趋势，必然会由两权分离逐渐走向两权统一。

目　录

第一章
理论基础

第一节　马克思的生产力与生产关系理论

历史唯物主义在马克思主义经济学中的灵魂体现正在于生产力与生产关系的矛盾运动，生产力与生产关系及由其决定的经济基础与上层建筑的矛盾推动了制度变革，决定了经济社会的不同发展阶段，用这一规律可以解释制度演变过程，也可以解释和指导我们的革命和改革。

一、生产力

生产力与生产关系及由其决定的经济基础与上层建筑的矛盾推动了制度变革，其中生产力是首要因素。生产力是马克思主义理论的最基本范畴，“人们所达到的生产力的总和决定着社会状况”①，决定着一种社会状态向另一种社会状态的演变，生产力是“全部历史的基础”②。

（一）生产力概念的规定性

生产力是生产的能力，反映的是人与物的关系，是人改造世界以满足人的需

---

① 马克思．费尔巴哈：唯物主义观点和唯心主义观点的对立［M］．北京：人民出版社，1988：24.

② 马克思恩格斯选集（第4卷）［M］．北京：人民出版社，1972：321.

求的能力，表现为人对自然的适应、利用、改造和支配的程度。也就是说生产力并不是一种物质实体，不是构成社会生产的要素本身，而是非实体性的一种能力或力量。马克思的生产力理论也是不断发展的，早期马克思在自己的哲学著作、经济学著作中就阐述过生产力理论。马克思曾用过“自然生产力”“土地生产力”“劳动生产力”“生产能力”和“劳动的生产能力”等词语，说明马克思一开始对生产力的规定性就不是生产要素本身，而是一种能力或力量。后来，马克思开始逐渐形成新的世界观即唯物主义世界观，这时的马克思主要从唯物论的角度对生产力理论进行发展。在评论李斯特的文章中提到了水力、蒸汽力、人力、马力是生产力，同时也反复提到生产力是一种能力，而这种能力正是蕴藏于劳动者本身之中，劳动者就是生产力的物质承担者，注意到了这个物质承担者与能力的区别和联系，这种能力并不是物质承担者本身。在后来的如《德意志意识形态》、《哲学的贫困》、《共产党宣言》、《雇佣劳动与资本》等著作中既提到了生产力是一种能力，又提到了生产力具有物的外壳，常常将劳动力与生产力交替使用，提到革命阶级本身就是生产力，实际上马克思在这里更多地从物质实体的意义上使用生产力。1857 年以后，后期的马克思唯物主义世界观逐渐完善和成熟，这之后，虽然其从生产力的要素角度提到人是生产力，但生产力是一种能力或力量的论述更为多数，基本上不从物质实体的角度来使用生产力这一概念了，社会历史发展的力量具有由劳动创造并以物化劳动的形式存在的性质。

（二）生产力要素

关于生产力的要素，学者们一直持有不同的观点。20 世纪五六十年代主要围绕生产力“二因素”说和“三因素”说之争，“二因素”说通过生产力是人们征服自然、改造自然的能力的人与物的关系出发，把生产力的因素概括为人和劳动资料；“三因素”说是把劳动的三个简单要素作为生产力的三个要素，即“有目的的活动或劳动本身，劳动对象和劳动资料”。后来的学者又对生产力要素进行了多方面的拓展，知识、科技、管理、创新、结构调整等都被发展成劳动力的要素。其实马克思、恩格斯和列宁都没有提过生产力的要素，马克思只提过劳动的三个简单要素。马克思还提到过劳动生产力，这是为了区别于资产阶级学者把生产力归结为资本的生产力而提出的，同时指出“工人的平均熟练程度，科学的发展水平和其在工艺上的应用程度，生产的社会结合，生产资料的规模和效能以

及自然条件”是决定劳动生产力的要素，马克思还指出过协作、科学、自然资源和自然力是生产力[①]。对于生产力要素，我们应该用发展的眼光来看，在生产力基本要素之上，应该随着时代的发展和生产形式、特征的变化，来不断地发展生产力要素，并且认识生产力诸要素地位的变化及其相互之间的矛盾运动。

（三）生产力的二重性

马克思科学的分析方法在于其唯物主义的分析方法，人不能自由地选择生产力，也不能自由地选择生产关系，充分说明了二者的物质性。社会生产首先是物质生产，生产力首先表现为其物质属性，“我们首先应当确定一切人类生存的第一个前提，也就是一切历史的第一个前提，这个前提就是，人们为了能够‘创造历史’，必须能够生活，但是为了生活，首先就需要吃、喝、住穿以及其他一些东西，因此第一个历史活动就是生产满足这些需要的资料，即生产物质本身”。[②]“人们不能自由选择自己的生产力——这是他们的全部历史的基础，因为任何生产力都是一种既得的力量，是以往活动的产物。可见，生产力是人们应用能力的结果，但是这种能力本身决定于人们所处的条件，决定于先前已经获得的生产力，决定于在他们以前已经存在、不是由他们创立而是由前一代人创立的社会形式。”[③] 即生产力是以往活动的结果，是一种既得的力量，人们必须在现有生产力的基础上从事生产，满足自身的需求，当然可以在现有生产力的基础上提高生产力，通过生产力本身要素的改进或通过能够促进生产力发展的其他要素的改进来提高生产力，不断地增强人们认识、利用、改造自然的能力，不断地满足人们更高的需求。但是这种改造自然也不是随心而欲的，首先必须是依赖自然，在适应自然的基础上去支配自然。事实上，虽然人们认为其改造自然的能力很强，但当出现强大的自然力量严重打击人们时，人们就会认识到，说支配自然是多么愚蠢的一件事，一句话，还是要在适应的基础上去支配，否则自然会给人们不可预知的报复。下面这段话早就提醒了人们，可是人们还常常明知故犯：“但是我们不要过分陶醉于我们人类对自然界的胜利，对于每一次我们的胜利，自然界都对我们进行报复……美索不达米亚、希腊、小亚细亚以及其他各地的居民，为了得

① 马克思．机器自然力和科学的应用［M］．北京：人民出版社，1978：226.

② 马克思恩格斯选集（第1卷）［M］．北京：人民出版社，1972：78－79.

③ 马克思恩格斯选集（第4卷）［M］．北京：人民出版社，1972：532.

到耕地，毁灭了森林，但是他们做梦也没想到，这些地方今天竟因此而成为不毛之地。"① 也就是说，人们发展生产力必须依赖自然，不能技术稍有进步就去破坏性地支配自然，但事实上，在没有达到一定高度的生产力的基础时，这种行为远远不能称之为支配。因此现在很多学者在研究生态马克思主义，不管从哪个角度，都使我们认识到了生产力的物质性。

社会生产是生产力和生产关系的统一，社会生产的过程是劳动过程和价值形成、价值增值过程的统一，因此不能脱离社会经济关系，看到生产力的物质性，更应该看到一定经济关系下的生产力，"生产力潜伏在社会劳动里面"②，我们提到生产力是合力也正是缘于此。作为生产力要素的人，不是简单地作为自然的人，而是处于一定经济关系中的社会的人，生产力不是单个人生产力的简单加总，而是在一定的生产关系中有机结合而形成的合力。社会越发展，生产越社会化，人们在生产中的联系越为广泛和重要，在这种有机结合中形成的生产力才是有现实意义的生产力。作为生产力中最重要的因素的人是指"现实的个人"，是"以一定的方式进行生产活动的一定的个人"，生产力的社会性是由人的社会性决定的。"人们在生产中不仅仅影响自然界，而且也相互影响。他们只有以一定的方式共同活动和互相交换活动，才能进行生产。为了进行生产，人们相互之间便发生一定的联系和关系；只有在这些社会联系和社会关系的范围内，才会有他们对自然界的影响，才会有生产"③。

（四）总体生产力与个体生产力

马克思在论述现实生产力是一种既定的力量，即生产力是历史基础时，是从总体生产力的角度来谈生产力的。总体生产力是个体生产力的有机结合，是一定社会生产方式下的一种合力，反映了整个社会的生产发展水平。而个体生产力是个人对自然的一种关系，"各个人——他们的力量就是生产力——是分散的和彼此对立的，而另外，这些力量只有在这些个人的交往和相互联系中才是真正的力量"④。总体生产力与个体生产力相互依存，总体是众多个体结合的总体，个体

---

① 马克思恩格斯选集（第4卷）[M]．北京：人民出版社，1972：383.
② 马克思恩格斯选集（第4卷）[M]．北京：人民出版社，1972：471.
③ 马克思恩格斯选集（第1卷）[M]．北京：人民出版社，1972：344.
④ 马克思恩格斯选集（第1卷）[M]．北京：人民出版社，1972：128.

是一定总体中的个体。总体生产力是个体生产力的有机结合，不是个体生产力的简单加总，总体生产力发展水平依赖于每个人能力的发挥与实现，每个个体在生产过程中生产技能的提高、知识的积累、手段的改善等都能促进总体生产力的提高，形成新的生产力的现实基础。个体生产力也离不开总体生产力，个体生产力总是存在于既定的总体生产力的基础上，个体只能在现有的物质基础、技术水平上谈个体对自然的适应与支配程度，个体接受前人留下的物质成果、科学技术等，另外，个体的生产也离不开整个社会生产过程，个体生产是社会生产的一部分，与其他个体生产力有着广泛而深刻的关系。

无论是总体生产力还是个体生产力在一定历史阶段都不是自由的，他们的实现受现实世界的限制，作为生产力的要素的人是“现实的人”，是一定社会关系中的人，是“以一定的方式进行生产活动的一定的个人”，因此一定的社会关系制约着个体生产力，也影响着总体生产力水平。这种限制主要来自于分工和私有制，在现实的分工和私有制的制约下，个人不能按照自己的意志来进行生产，他们的生产不是由自身支配。“受分工制约的不同个人的共同活动产生了一种力量，即扩大了的生产力。因为共同活动本身不是自愿的而是自然形成的，所以这种社会力量在这些个人看来就不是他们自身的联合力量，而是某种异己的、在他们之外的强制”①。总体生产力在私有制度下“好像具有一种物的形式，并且对个人本身来说它已经不再是个人的力量，而是私有制的力量，因此，生产力只有在个人是私有者的情况下才是个人的力量”②。

总体生产力与个体生产力分别是从宏观和微观的角度来理解生产力的，总体生产力指生产力的总体发展水平，其与生产关系的关系决定了五个社会形态：原始的社会形态、奴隶的社会形态、封建的社会形态、资本主义的社会形态和共产主义的社会形态，个体生产力是微观的个体的生产能力，从个体生产力与人的依赖关系的关系角度，把生产力分为以下三种形态：“人的依赖关系（起初完全是自然发生的），是最初的社会形态，在这种形态下，人的生产能力只是在狭窄的范围内和孤立的地点上发展着。以物的依赖性为基础的人的独立性，是第二大形

① 马克思恩格斯选集（第1卷）[M]．北京：人民出版社，1972：85－86.

② 马克思恩格斯选集（第1卷）[M]．北京：人民出版社，1972：128.

态，在这种形态下，才形成普遍的社会物质交换、全面的关系、多方面的需求以及全面的能力的体系。建立在个人全面发展和他们共同的社会生产能力成为他们的社会财富这一基础上的自由个性，是第三个阶段”①。由此可以看出，发展总体生产力和发展个体生产力紧密相关，发展生产力要注意人的因素，注意人的主观能动性，要调整生产关系促进生产力发展。

（五）主导生产力

这里从产业部门的角度来判断各产业部门生产力间的关系。社会生产力的合力是个体生产力的合力，并且也是社会各部门生产力的合力，可以从宏观的角度认识各部门生产力的特点和差异，也可以从中观的角度认识某一部门内部的生产力特征及提高生产力的问题。从社会发展的过程来看，生产力的不断提高，会带来分工或组织方式的不断变化，在促进生产力发展的同时，社会生产部门也会越来越多，即生产的社会化程度会越来越高，这些不断增加的社会生产部门的生产力的结合构成了整个社会生产力。在社会发展的一定阶段上，各个部门的生产能力的发展是不平衡的，并且在相当长的阶段上这种不平衡是相对稳定的。

从原始社会到资本主义以前的社会，农业生产力是整个社会生产力的基础，即使出现了手工业并有所发展，其也无法成为社会生产力的主导部分。虽然从奴隶社会开始，手工业与农业分离，在封建社会还出现了行会手工业，但这时的手工业生产的工具大都是比较简单的手工工具，并且是与农业结合在一起的，虽然这些手工工具在农业生产中作用很大，但还不足以成为主导作用，手工业还是处于从属地位，在社会生产中，起主导作用的是劳动者，在这一时期，劳动是技术的基础。“……如古代社会和封建社会，农业居于支配地位，连工业和它的组织以及相应的所有权形式，都多少带着土地所有权的性质……”②

从产业革命以后，工场手工业走向了大机器工业，工业与农业完全分离，工业提供了整个国民经济所需的一切技术装备，“在劳动手段中，机械性的劳动手段（总括起来，那可以说是生产的骨骼系统和筋肉系统），又比那些只当作劳动对象容器的劳动手段（例如导管、桶、笼、瓶等等，总括起来，那可以说是生产

① 马克思恩格斯全集（第46卷上）［M］．北京：人民出版社，1979：104.

② 马克思．政治经济学批判［M］．北京：人民出版社，1955：169.

的脉管系统)，能指示一个社会生产时期更有决定性得多的各种特征”①。这些时期，工业领导农业，工业生产力发展水平决定了一国的社会生产力发展水平，工业生产力在整个社会生产力中居于主导地位。

二、生产关系

(一) 生产关系内涵

人的社会生产活动包括两个方面，人与自然的物质变换关系，即生产力；人与人的社会关系，即生产关系。生产关系是人们在生产中结成的人与人之间的关系，规定着社会生产的社会性。“人们在生产中不仅仅同自然界发生关系。他们如果不以一定方式结合起来共同活动和互相交换其活动，便不能进行生产。为了进行生产，人们便发生一定的联系和关系，只有在这些社会联系和社会关系的范围内，才会有他们对自然界的关系，才会有生产。”② 与亚当·斯密、李嘉图等前人的孤立人的思想不同，马克思始终把人看作集体人、社会人，人总是在一定的社会中生存和生产，不与别人发生关系只是一种幻想。从人类社会发展过程来看，无论是原始社会还是资本主义社会，人都是不可能孤立存在的，人在生产和生活中和别人发生着各种各样的联系。社会分工越扩大，这种联系就越广泛，有的联系看得见，有的联系看不见，这些联系纵横交错、千丝万缕。为了生存与发展，人们就进行物质生产，生产中必须获得物质财富才能满足人们的需要。不同的社会，人们进行物质生产的社会基础不同，人们进行物质生产的形式不同，人们分配物质财富的方式也不同，归根结底都是围绕着物质利益展开的，因此生产关系必然表现为物质利益关系，是人们在生产中结成的人与人之间的物质利益关系。生产关系是全部社会关系的核心和基础，在生产关系之上才会形成相应的家庭关系、政治关系、民族关系、思想关系等。

(二) 生产关系的内容

关于生产关系的层次或内容，学术界历来有“三分法”与“四环说”之争。

---

① 马克思．资本论（第1卷）［M］．北京：人民出版社，1975：195.

② 马克思恩格斯选集（第1卷）［M］．北京：人民出版社，1972：362.

斯大林在其《苏联社会主义经济问题》中规定了生产关系包括三个方面："（一）生产资料的所有制形式；（二）由此产生的各种不同社会集团在生产中的地位以及他们的相互作用，或如马克思所说，'互相交换其活动'；（三）完全以它们为转移的产品分配形式。[①]"斯大林的"三分法"在我国有着深远的影响，同时也遭到不少学者的批评，批评其只注重所有制、只注重直接生产过程、忽视交换和消费等。"四环说"指马克思在其《〈政治经济学批判〉导言》中所提出的生产、分配、交换、消费四个环节以及这些环节之间相互的作用关系，后来恩格斯在《反杜林论》中谈广义政治经济学时也发展了这一说法。如果说"三分法"是从静态上来描述生产关系的内容和层次，那么"四环说"就是从动态上来描述生产关系的内容和层次的，实际上，两种说法都是对生产关系内容和层次的解说，可以互为补充，马克思的生产关系这一范畴的外延也是不断扩大的，我们应将"三分法"和"四环说"的横向分析与纵向分析相结合，以更全面地理解生产关系这一范畴。

（三）生产关系的两重性

生产关系中的与具体劳动直接相关，不属于生产力的范畴，而属于生产力层次的生产组织形式和产品交换形式，就是生产关系的自然属性或技术属性，也有学者称之为生产关系一般，表现为具体劳动过程中的分工与管理、资源配置方式或经济体制与机制。学者们研究较多的是生产关系的另一个属性——社会属性，表现为不同的经济制度，所有制关系是其基础。因为政治经济学是一门社会科学，不是自然科学，研究的是人，不是物，因此长期以来，人们只注重研究生产关系的社会性，而忽视其一般性，即使注重了生产关系两重性的研究，也只是更多强调社会性的作用，忽视生产关系一般性的作用或经济体制与机制的作用。从这个意义上来说，生产力与生产关系的矛盾运动也可以体现为生产关系内部的矛盾运动，即生产关系一般与特殊的矛盾运动。经济体制直接表现生产力的方面，反映了生产社会化的程度和生产力的发展水平，但是经济体制不能独立存在，它总是一定经济制度下的经济体制，一定社会的所有制关系规定了经济体制的社会性质。生产关系的一般性与特殊性是对立统一的关系，如果从经济制度规定了经

① 斯大林．苏联社会主义经济问题［M］．北京：人民出版社，1961：58.

济体制的社会性来看，则经济制度决定了经济体制；如果从经济体制更接近于生产力的层次上来看，则经济体制也具有更深层次的意义。原始社会末期就有了物物交换，私有制是商品交换及生产力发展的必然要求，随着商品经济和市场经济的不断发展，产生了不同的私有制形式，因此，经济体制与经济制度两者是相互依存、相互影响的。经济体制与经济制度相互协调发展才能促进生产力的发展，而两者如何结合则取决于生产力的发展状况和该社会主体力量的结构对比情况。长期以来，人们常常注意到经济制度对经济体制的促进或阻碍的作用，因此就断然认为经济制度就是生产关系的全部，而忽视表现为生产力的生产关系的一般性，从我国建立社会主义经济体制的历史过程中就可以深刻地领会这一点，要找到生产关系一般性与社会性的合理结合，才能促进生产力的发展，否则只能对社会生产力造成极大的破坏。

（四）生产资料所有制决定经济制度的性质

马克思历来强调所有制对社会经济制度性质的决定意义，强调生产资料所有制是整个社会生产关系和经济关系的基础，“不论生产的社会形式如何，劳动者和生产资料始终是生产因素。但是，二者在彼此分离的情况下只在可能性上是生产因素。凡是进行生产，就必须使它们结合起来。实行这种结合的特殊方式和方法，使社会结构区分为各个不同的经济时期。”① “一说到生产资料，就等于说到社会，而且就是说到由这些生产资料所决定的社会。”② 在按照生产资料所有制所划分的不同的社会形态下，存在不同的劳动所有权归属，产生了不同的劳动力与生产资料的结合方式，形成了不同的产品分配方式。在原始社会，生产资料与劳动力同归部落共有，劳动产品共同分配；在奴隶社会，生产资料归奴隶主所有，奴隶的全部劳动力连同奴隶本身归奴隶主所有，产品几乎全部归奴隶主所有；在封建社会，主要生产资料——土地归地主所有，农民部分地占有自己的劳动力，而另一部分被地主占有，地主剥削农民的劳动成果；在资本主义社会，主要的生产资料（资本、土地）归资本家所有，劳动者以商品形式占有自己的劳动力，当然只是可能性上的占有，资本家共同剥削工人。可见，在劳动力与生产

① 马克思．资本论（第2卷）［M］．北京：人民出版社，1975：44.

② 马克思恩格斯全集［M］．北京：人民出版社，1975：170.

资料不归同一所有者所有时，这种生产资料所有权的决定性作用更为明显。

（五）主导生产关系

一个社会的生产关系是个庞大的、复杂的系统，其中有占统治地位的生产关系，也有许多居于次要地位的生产关系。不管是从生产关系的特殊性来看，还是从生产关系的一般性来看，都是一样的。占统治地位的生产关系决定一个社会的经济制度和经济体制及机制，但同时也可能有旧的生产关系存在，这些旧的生产关系是建立在旧的生产力基础之上的，有的是落后的，正在消亡，有的经过改良仍有潜力并且能够得到广泛应用；还可能会有建立在新的生产力基础上的生产关系，但力量较小，正在逐步发展扩大。主导生产关系与其他次要生产关系并存，一种生产关系的存在、发展、衰退与消亡都由生产力决定。正如在我国社会主义初级阶段，生产资料的社会主义公有制决定了我国的社会主义制度，在这一社会制度下，多种所有制同时并存，市场是我国资源配置的主要手段，但也有计划，各种生产关系的并存与互补，是由我国的生产力状况决定的，同时也促进了我国生产力的大力发展。

三、生产力与生产关系

（一）生产力与生产关系相互依存、相互影响、不可分割

生产力与生产关系间的关系集中体现在生产力与生产关系的两重性质中，生产力反映人与自然的关系，但人始终是社会人，是一定生产关系中的人，生产力总是一定生产关系下的生产力；生产关系反映的是人与人的关系，但总是一定生产力基础上的生产关系，离开了生产力也无所谓生产关系了，更无所谓如何评价生产关系了。生产力的社会性与生产关系直接相关，生产关系的一般性与生产力直接相关，生产力的社会性是生产关系的层次，但不是生产关系的范畴；生产关系的一般性是生产力的层次，但不是生产力的范畴。

生产力与生产关系的矛盾运动推动着社会变革，在这一矛盾运动中，生产力的决定作用是根本的、第一位的。生产力的发展状况决定了一个社会的生产组织方式或资源配置方式，正如马克思所设想的，社会主义社会的计划调节必须要求有强大的生产力基础，有计划调节的社会主义是建立在经过强大的资本主义生产

力积累基础之上的。而在我国生产力落后的社会主义初级阶段，没有强大的生产力基础，用计划手段配置资源是不合适的，不会促进生产力的发展，只会对生产力造成巨大的破坏，在社会主义初级阶段的现实生产力基础上，只能依靠市场作为资源配置的主要手段，这是适合生产力发展要求的。生产力的发展也同样决定一个社会的生产资料所有制形式，决定了一个社会的经济制度。现实的生产力状况决定了一个社会的核心资源是什么，哪些人会占有这些核心资源，劳动者与生产资料如何结合，由此会产生什么样的产品分配方式，进而决定了人与人之间的经济关系。不同生产力下的核心资源是不同的，从农业社会到工业社会，核心资源由土地不断增加到资本、知识等，代表先进生产力的阶级也不断发生变化，引起社会主体力量结构的变化，形成相应的资源所有权，形成不同的人与人在生产中的权力、地位关系及分配方式。[①] 生产力的发展引起生产关系的变革，这种变革可能采取革命的方式，也可能采取改良的方式，生产关系的变革可能是根本性的，也可能是微小的，总之，生产关系是由生产力决定的，生产关系一定要适应生产力的发展。

生产关系反过来可以对生产力起到促进或阻碍作用。生产关系的一般性与生产力直接相关，其决定着资源配置的效率、生产过程中组织管理的效率、人的生产积极性等，适应生产力发展要求的经济体制及机制对生产力的发展会产生巨大的促进作用，这一点从我国社会主义市场经济变革的历史过程中已经得到了足够的证明。经济制度与生产力的社会性相关，其决定着社会生产的目的，决定着人们在生产中的权力和地位关系，影响着人们的生产积极性，生产关系的社会性可以促进或破坏生产力的发展，这从人类历史上的历次经济制度变革中都已经得到了证明。

（二）利益是生产力与生产关系矛盾运动的联结点

生产活动是人类通过与自然的交换而生产产品和服务，以满足人的生存和发展的需要的过程，生产活动所生产的产品和服务对于人类来讲就是利益，而物质利益是其中最基本和核心的利益，生产力也可以理解成生产物质利益的能力。生产活动中的人，是现实中的人，是社会人，人在实践中能够能动地改变世界，而

① 鲁品越．生产关系理论的当代重构［J］．中国社会科学，2001（1）：14－23.

利益的驱动是人发挥主观能动性的重要动因。生产力的发展促进了人们对经济利益需求的增长，在生产过程中围绕经济利益会形成不同的人与人之间的经济关系，生产力的发展使人们产生新的经济利益需求，那么围绕新的经济利益需求，人们之间的经济关系就会产生变化。以经济利益为核心，人们之间或冲突或合作，经济关系或发生革命式的变革，或吸收新的因素而改良。所以也可以说，生产关系是围绕经济利益而形成的一定的、必然的、不以人的意志而转移的物质利益关系，利益是生产力与生产关系的联结点，生产力与生产关系通过经济利益这个联结点来产生矛盾运动，推动社会历史变迁。在一定的社会形态发展的末期，生产力发展到一定阶段，会产生新的生产力和代表新生生产力的新兴阶级，这样的生产力和阶级是最具有活力的，新的生产力的发展促进了新兴阶级新的利益诉求的产生与增加，他们要求掌握更多的权利从而拥有更大的力量，他们要求建立一种新的生产关系以符合新的生产力的要求，要求建立与新生产关系相一致的上层建筑，以保证其经济利益的实现，从而形成了新的社会形态。当然新的生产关系可以通过革命式的阶级斗争的形式来建立，也可以通过在旧的生产关系的基础上吸收先进的因素来进行改良，以适应新的生产力的发展要求。在社会形态变迁的过程中，生产力的发展水平决定着生产关系的性质，同时生产力的发展造就了变革生产关系的阶级力量，决定了生产关系变革的方向，新的生产力要求一种新的生产资料和劳动者的组合方式，这种组合方式的选择是通过经济利益这个联结点来实现的。

原始社会生产力极其低下，只能用简单的石器工具，靠摘野果和打猎生活，面对恶劣的自然环境和生产条件，生存是人们共同的利益，人们只能以氏族为单位进行集体劳动，氏族成员之间进行自然分工，生产资料共有共用，劳动产品实行平均分配，人与人之间是平等的关系。原始社会末期，生产力已经有所提高，出现了简单的社会分工，产品开始出现剩余，一些人开始产生物质贪欲，氏族和军事首领凭借自己的地位开始占有别人的剩余劳动，开始产生了私有制和所有权的萌芽，逐渐形成了奴隶主阶级和奴隶阶级，奴隶主不仅占有生产资料还占有奴隶本身，奴隶社会的私有制保证奴隶主阶级获取最大的经济利益，奴隶主与奴隶之间是剥削与被剥削的关系。奴隶社会末期生产力已经得到大幅度提高，农业生产普遍使用耕畜和铁质生产工具，旧的奴隶制生产关系严重地束缚着生产力的发展，新兴的土地所有者要求建立新的生产关系，以获取更多的经济利益，严酷的压迫使奴隶产生反抗情绪，生产积极性极差，不断进行激烈的反抗活动，要求获得应有的经济利益，小农经济的生产方式在奴隶社会末期显示出了优越性，奴隶所有制逐渐转变为封建土地所有制。地主把其拥有的土地租给农民耕种，地主不仅占有生产资料还部分地占有农民，地主凭借土地所有权向农民收取大量地租，无偿占有农民的劳动果实，包括剩余劳动和部分必要劳动，地主与农民之间是封建剥削关系。封建社会末期，生产力的发展再次引起社会的变革，科学技术革命、社会分工的发展、商品经济和商品交换的发展都冲击了旧的封建生产关系。代表先进生产力的新兴资产阶级要求打破小农经济的束缚，以实现自己最大的经济利益，农民不断地反抗地主阶级的剥削和压迫，为争取自己的经济利益，农民阶级反抗地主阶级的斗争也越来越激烈。通过原始积累，资产阶级占有了生产资料，劳动者一无所有，资本主义社会的生产方式使资本与雇佣劳动相结合，社会分工与协作不断深化，资本家获得越来越大的经济利益，无偿占有工人创造的剩余价值，资本家与工人之间是资本主义剥削关系。资本主义产业革命，使生产力得到了前所未有的快速发展，社会分工越来越深化，生产关系在世界范围内形成了广泛而深入的联系，生产力的发展形成了一个代表先进生产力的无产阶级，无产阶级反对资产阶级的剥削，要求建立一个符合无产阶级利益的生产关系，建立社会主义社会。可见，社会形态的更替是由生产力与生产关系的矛盾运动而推动的，而在这一矛盾运动中，社会各主体力量对其利益的要求是两者的联结点，生产力的发展产生了新的利益诉求与新兴阶级，新兴阶级总要建立与自己利益相符的生产关系，以保障和实现自己的利益。生产资料所有制是生产关系的基础，生产资料所有权是生产资料所有制在法律上的体现，生产资料所有权与经营权及其相互关系，不仅反映着生产力的发展水平，还反映着社会主体力量之间的经济利益关系，所有权与经营权的归属总是与一定的生产方式相适应的，两者的演变也是以利益为纽带，由生产力的发展水平决定，这是生产方式发展变革过程中的必然规律。①

① 张聚昌．论生产力决定生产关系的介质结构［J］．理论探讨，2007（3）：69－74.

四、经济基础与上层建筑

生产力的发展是社会发展的根本动力，生产力与生产关系的矛盾是社会发展的基本矛盾，经济基础与上层建筑的矛盾是由这一基本矛盾决定的，也是由基本矛盾派生出来的，是生产力与生产关系矛盾运动的结果，这一矛盾也是社会发展的一个重要推动力，生产力与生产关系这个基本矛盾也要通过经济基础与上层建筑这个矛盾来发挥作用。

经济基础是一个社会的现实的生产关系总和。首先，这个生产关系是不脱离生产力的生产关系，从上述关于生产力与生产关系联系的论述来看，生产力总是一定生产关系中的生产力，而生产关系总是一定生产力基础上的生产关系，现实生产力构成现实生产关系的基础，生产力与生产关系总是紧密相连、不可分割的，两者通过利益这个联结点来产生矛盾，推动社会变革。因此，作为经济基础的生产关系绝不是脱离生产力的生产关系，现实的生产力及现实的利益关系都是一个社会的经济基础。其次，作为经济基础的生产关系是现实的生产关系的总和，而既然是生产关系的总和，必然包括占主体地位的生产关系，也包括次要的生产关系。当然，所谓主要与次要总是在一定社会下相对而言的，并不是绝对的，主要的生产关系可以随着生产力的发展逐渐变为次要的生产关系，而新兴势力所代表的生产关系虽然可能是次要的生产关系，但也必然会发展成为主要的生产关系。

生产力的发展引起生产关系的变革，这些现实的经济基础的变化都是在社会实践中现实发生的，并且人们在社会实践中都会深刻体会到这些变化，这些变化综合在一起就是经济基础的变化，经济基础为社会生产和生活提供物质保障。而经济基础一旦变化，人们的政治生活和精神生活都会发生变化，因为经济基础是人们政治、精神活动的基础，而经济基础的发展也需要上层建筑中的政治上层建筑和意识形态上层建筑的保驾护航。

所谓上层建筑就是建立在一定经济基础之上的政治法律制度和社会意识形态，政治法律制度反映了人们之间的政治关系，主要指国家机器和政治结构，包括法律、政权、军队、法庭、监狱、政党、政治团体等，而社会意识形态反映了

人们之间的思想关系，包括在政治、法律、艺术、宗教、社会科学、道德、教育中的观点。作为上层建筑两个部分的政治法律制度和意识形态，都是由经济基础决定的，并都会对经济基础产生重要的反作用。两者有着一致性，并且，在不同的阶段上，两者互相决定，在新的生产关系处于次要地位时，意识形态的上层建筑决定着政治上层建筑；在新的生产关系占据主要地位时，为了促进和发展新的生产关系和新的生产力，政治的上层建筑就在上层建筑中处于决定地位。而在上层建筑的反作用过程中，则正好相反，在生产力决定生产关系再决定上层建筑时，是经济基础→意识形态上层建筑→政治上层建筑；而在上层建筑反作用生产关系和生产力时，则是政治上层建筑→思想上层建筑→经济基础。一般来讲，意识形态的上层建筑的变化是相对灵活的和经常性的；而政治的上层建筑一旦确定，就具备了相对的稳定性。

从根本上说经济基础决定上层建筑，有什么样的经济基础就有什么样的上层建筑，经济基础的性质决定了上层建筑的性质，经济基础的变革导致了上层建筑的重构，这可以从社会发展的进程中得到解释：当生产力得到一定发展，旧的生产关系不适应新的生产力的发展时，新的生产力就要求建立新的生产关系，在新旧社会形态交替的过程中，新兴势力通过斗争会建立新的生产关系，代表着新的生产力的发展要求，体现着社会的进步，而新兴势力夺取政权后，就会进行相关的改革，即变革上层建筑，巩固新的生产关系，促进新的生产力的发展，这种生产关系就会成为占主体地位的生产关系，而变革后的上层建筑正是为这种生产关系服务的。

经济基础决定上层建筑，上层建筑适应于经济基础，并反作用于经济基础，但在生产力发展的不同阶段，这种适应与反作用又呈现不同的特点。生产力发展水平越高、社会化越发展、人的主观能动性越强，上层建筑对经济基础的作用就越大，人们也可以运用已经掌握的知识和规律科学地改造社会，能够发现上层建筑中不合理的部分，并进行变革，使之更促进生产关系的向前发展。经济与社会的发展，使人们的需求不再局限于物质需求，人的需求表现出更多层次和更多方面，人们对自身的全面发展的需求也会越来越大。这样，人们就会思考究竟什么样的上层建筑才能满足人们的多方面需求，从而使得上层建筑对经济基础的作用越来越大，对生产关系的改进与变革、对生产力的促进作用都会越来越明显，上层建筑不仅协调着人们之间的物质利益，更协调着社会利益。

第二节　马克思的两权关系理论

一、所有权内部结构关系

马克思在继承前人研究的基础上指出，所有权是一组权利，揭示了所有权内部结构之间的相互关系。广义的所有权包括狭义的所有权、占有权、支配权和使用权，所有权内部的各个权利之间可以统一也可以分离。狭义的所有权是一种具有排他性的终极所有权；而占有是不能脱离所有而独立存在的，或者所有者占有，或者所有者将占有权转与他人；使用权是在占有的基础上产生的，通常指用什么方式对所占有的物加以改造和使用；支配权是主体对客体的一种具体的管理、处置。因此，通常将占有权、使用权和支配权称作经营管理权，而与狭义的所有权相区别。同时，也可以看出，在具体的生产活动中，所有权结构中的占有权具有决定作用，若从所有权的起源与发展来看，占有先于所有，因此马克思才指出占有是所有权的钥匙。对于所有权客体带来的收益如何分配问题，即人们常说的收益权归属，取决于所有权内部诸权利之间的相互关系。

所有权内部结构关系归根结底取决于生产力的发展状况，在不同的生产方式下，所有权与经营权的分离与统一呈现不同的表现方式。在小生产方式下，如小土地所有制下，所有权的几个权利是统一的，所有权主体是生产资料的所有者、占有者、使用者和支配者，通过自己的劳动实现对所拥有的生产资料占有、支配和使用，并对其劳动产品具有完全的经济所有权。由于所有权关系的统一，因此也没有地租或租金，所有权主体与社会的联系以分散的形式存在。在存在私有制的社会中，都会存在所有权与经营权的分离，表现为所有者和经营者的对立，有的分离表现得比较彻底，有的分离表现得比较含混。最典型的是资本主义社会，租地农场主向地主交纳作为剩余价值一部分的地租，资本经营者向资本所有者支付作为剩余价值一部分的利息。而在封建社会，这种所有权内部结构之间的关系是十分复杂的，租种地主土地的农民向地主支付地租，这是一种权利的分离，但是农民对地主又有人身依附关系，其本身也被地主不完全的占有，因此又存在权利的统一。在奴隶社会，奴隶主除了占有生产资料外还完全占有奴隶，这样，所有权与占有权是相统一的，而具体的使用权又是与之相分离的。在公有制的社会形态下，同样存在所有权与经营权的分离，只是这种分离是在同一所有权主体内部产生的，经营者是所有者中的一部分，经营者与所有者不是对立的关系，而有着共同的利益。

二、劳动力两权分离及工资

劳动力不能离开劳动者而存在，这是劳动力对于劳动者的自然从属关系，而劳动力所有权是一种社会经济性质，是劳动力对于其所有者的经济从属关系，反映了一定的利益关系与阶级关系。劳动力的使用权取决于哪些人掌握生产资料，即劳动力的使用权取决于生产资料的所有权，而劳动力的所有权及其与生产资料结合的方式则取决于生产力的发展水平及相应的生产关系。劳动力的所有权与使用权可以统一，也可以分离，在有人身依附关系的私有制社会中，劳动力的所有权与使用权都归生产资料所有者所有。如在奴隶社会，奴隶主不仅占有全部生产资料，还占有奴隶本身，并且占有全部劳动产品，因此劳动力所有权与使用权均归奴隶主所有。而资本主义社会则不然，资本主义生产方式的核心在于雇佣劳动，一方面，作为劳动者的工人必须是自由的，拥有对自己劳动力的所有权和支配权；另一方面，工人一无所有，只能出卖自己的劳动力。在劳动力市场上，工人自由地出卖自己的劳动力，资本家付给工人相当于劳动力价格的工资，一旦交易成功，资本家就拥有了对劳动力的使用权，劳动力的使用——劳动创造的所有劳动产品完全归资本家所有，并且这种所有权关系受到法律保护。因此，资本主义社会的劳动力所有权归工人，而劳动力使用权归资本家，当然只是暂时的使用和支配，而这种权利的让渡使资本家无偿榨取了工人所创造的大量的剩余价值，秘密在于劳动力具有特殊的使用价值，劳动力的使用所创造的价值远远大于资本家所支付的劳动力价格。资本家与劳动力相交换的规律具有形式和内容上的矛盾，表面上工人拥有劳动力的自由所有权，有权利出卖给或不出卖给谁，但事实上劳动力从属于资本，工人不出卖劳动将不能维持自己的生活，这种交换是不平等的自由。同时在交换的量上也是不平等的，交换使得资本家获得财富，形成资本积累，而工人只是获得生活资料以满足劳动力的再生产，工资是劳动力的价格，远远低于劳动力的使用即劳动所创造的价值，从而形成资本主义社会的劳动异化。在这种生产资料资本主义私有制下，生产资料与工人相分离，资本与劳动力相对立，利润与工资相对立，资本家与工人相对立，资产阶级与工人阶级相对立。

三、资本两权分离及利息

资本主义社会资本所有权与使用权有的统一、有的分离：当资本家用自有资本进行生产经营时，所有权和使用权是统一的；当资本家借用别人的资本进行生产经营时，所有权和使用权是相分离的。马克思在研究借贷资本时，是在资本的所有权和使用权相分离的基础上进行的，这样就有了借贷资本家和职能资本家之分。借贷资本家将资本借给职能资本家，职能资本家支付给借贷资家利息。职能资本家利用借来的资本进行生产经营，执行着生产剩余价值的生产目的，承担着生产经营的风险；借贷资本家则游离于生产过程之外，单纯地扮演着所有者的角色，不干涉企业的生产经营活动，只凭借剩余索取权收取利息。资本所有权和经营权的这种分离，形成了借贷资本家和职能资本家的对立，借贷资本家和职能资本家分别以利息和利润的形式分割工人所创造的剩余价值。借贷资本家和职能资本家又都以资产阶级的身份共同剥削工人阶级，工人阶级与资产阶级依然是对立的，虽然借贷资本家和职能资本家的对立使这种阶级对立关系更为模糊一些，但依然无法掩饰资本主义生产关系的实质。“资本家是以双重身份存在的：法律上的和经济上的”①，“资本的法律上的所有权同它的经济上的所有权分离”②，货币资本家和职能资本家共同侵占工人创造的剩余价值。

① 马克思恩格斯全集（第26卷Ⅲ）［M］．北京：人民出版社，1974：507.

② 马克思恩格斯全集（第26卷Ⅲ）［M］．北京：人民出版社，1974：511.

资本的所有权与使用权分离在股份制经济中得到了进一步的发展，生产发展的社会化带来了资本的社会化，股份制经济正是伴随着资本主义生产力的巨大发展应运而生的，当然也促进了生产力的大发展。在资本主义一定发展阶段上，生产对资本的量的要求越来越高，以至于难以找到拥有巨大资本量的货币资本家，这就需要把许多单个的资本结合起来，资本出资形式从单个资本发展为社会资本，形成适应生产发展的大规模的股份公司，资本积累走向资本集中。在股份制经济中，资本所有者即出资人的单纯所有者性质表现得更为彻底，因为资本是以社会化的形式参与出资的，而经营公司只不过是股东们所聘用的管理者，他们负责公司的日常管理，不承担公司经营风险，其收入只是劳动报酬，不再是剩余价值的拥有者，即劳动与生产资料完全分离。这样，使资本所有者和管理者都似乎成了多余的人，资本所有权的分散进一步深化和复杂化，分离得更为彻底，剩余价值的拥有更分散，“职能已经同资本所有权相分离，因而劳动也已经完全同生产资料所有权相分离。资本主义生产极度发展的这个结果是资本再转化为生产者的财产所必需的过渡点，不过这种财产不再是各个互相分离的生产者的私有财产，而是联合起来的生产者的财产，即直接的社会财产。”① 虽然在资本主义生产方式下，不管方式如何变化，都不能改变资本主义的剥削关系，但也体现了资本主义生产方式的自我扬弃，为社会主义生产方式提供了过渡形式与物质基础。

四、土地两权分离及地租

马克思在分析作为剩余价值一部分的资本主义地租过程中，从历史的角度分析了土地所有权关系，认为任何地租都是土地所有权在经济上的实现形式，任何地租都是剩余劳动的生产物。虽然其主要研究的是资本主义地租，但马克思指出地租并不是起始于资本主义社会，他分析了封建地租与资本主义地租的不同之处，阐述了封建地租的经济实质，并且论述了劳役地租、实物地租、货币地租这三种地租形式及发展过程，真正用历史的观点分析了地租。只要存在土地所有权，就会产生地租，而所有权发展至今已不单单是私有权的范畴，这个所有权是

① 马克思恩格斯全集（第25卷）［M］．北京：人民出版社，1974.

与无所有权相对立的，原始社会和未来的共产主义社会，是没有所有权的公有制，封建社会和资本主义社会是有所有权的私有制，社会主义社会是有所有权的公有制。

在资本主义社会存在土地所有者与农业资本家是同一主体的现象，在这种情况下，土地所有权与经营权是统一的，当然这不是资本主义社会占主导地位的土地两权关系。马克思分析的资本主义地租和资本主义所有权关系是围绕土地所有权与经营权分离所展开的。土地所有者把土地出租给农业资本家使用，农业资本家付给租地农场主地租，这才是资本主义社会典型的生产方式，土地的所有权与使用权的分离是资本主义地租产生的直接原因。马克思把地租分为绝对地租和级差地租，马克思把绝对地租称为与各类土地的肥沃程度所引起的不同劳动生产率完全无关的地租，“绝对地租是原产品价值超过平均价值的余额。”① 绝对地租的产生来源于土地所有权，最差土地也产生地租，在农业资本有机构成低于社会平均资本有机构成时，农产品价值高于生产价格，这个余额由于土地所有权的垄断不会被平均掉，从而转化为绝对地租；若农业资本有机构成等于或高于社会平均资本有机构成，绝对地租就来源于垄断价格，即市场价格高于价值与生产价格的余额。“如果最坏土地 A——虽然它的耕种会提供生产价格——不提供一个超过生产价格的余额，即地租，就不可能被人耕种，那末，土地所有权就是引起这个价格上涨的原因。土地所有权本身已经产生地租”②，因此，绝对地租归土地所有者所有。

级差地租是地租的另一种形态，分为级差地租Ⅰ和级差地租Ⅱ，级差地租Ⅰ是由于土地的差别（包括土地丰度、地理位置等），使投在同样面积上的两块土地的资本由于劳动生产率不同产生不同数量的产品，而级差地租Ⅱ是连续在同一块土地上追加投资由于劳动生产率不同产生不同数量的产品。虽然级差地租Ⅰ和级差地租Ⅱ有不同的表现，但二者在实质上是一致的，都是由市场价值与个别价值的差额所形成的超额利润，级差地租Ⅱ只是级差地租Ⅰ的一种表现。从历史上来看，级差地租Ⅰ是先于级差地租Ⅱ出现的，资本主义在农业中产生时，相当数

① 马克思．剩余价值理论（第二册）［M］．北京：人民出版社，1975：15.

② 马克思．资本论（第3卷）［M］．北京：人民出版社，1975：851.

量的土地是根本不耕种的，这样就促进了从事农业生产的土地面积的增加，促进了资本主义农业的粗放经营，级差地租主要采取Ⅰ的形式；生产力的发展和资本的不断积累，土地大部分被开发，资本就主要进行集约经营，级差地租主要采取Ⅱ的形式。从每个时期来讲，资本也总是从级差地租Ⅰ出发，追加投资到级差地租Ⅱ，土地所有者在订租约时，也是从级差地租Ⅰ出发，逐步追加到级差地租Ⅱ，并且级差地租Ⅱ是以级差地租Ⅰ中最坏土地的产品的个别价值为基础相比较而来的。因此马克思说："级差地租Ⅰ是作为出发点的历史基础……级差地租Ⅱ的运动，在任何一定的瞬间，都只是出现在这样一个领域内，这个领域本身又是级差地租Ⅰ的形形色色的基础。"① 级差地租的两种形式是可能会交织在一起的，级差地租Ⅱ也会反作用于级差地租Ⅰ，如果只考察级差地租Ⅰ，劣等地是不提供地租的，但是如果对谷物需求大幅度增加，级差地租两种形态就会交互出现，即当追加资本所产生的劳动生产率比劣等土地上的劳动生产率还要低时，原来不产生级差地租的劣等地也会提供级差地租，如果在优等地追加投资后，使最劣等地的耕种成为多余，那么农产品市场价值就会变动，即作为级差地租计算的基础就会发生变化，当然级差地租Ⅰ也会产生变化。两种形式的级差地租应根据土地的所有权关系来确定其归属，通常来讲，级差地租Ⅰ归土地所有者所有，级差地租Ⅱ归土地经营者所有，为了获得更多的超额利润，农业资本家必须不断改进农业生产技术和改善经营管理，因此，资本主义社会的这种土地所有权与经营权的分离，促进了农业生产力的提高。

但是，不管地租的形式如何复杂，其实质都是农业工人创造的剩余价值，农业工人受资本主义土地所有者与农业资本家共同剥削，反映了资产阶级与工人阶级的对立。马克思是站在无产阶级的立场上分析问题，对土地私有权持批判态度，在资本私有制和土地私有制的对立联系中考察资本主义地租和土地所有权关系，指出利润和地租都是剩余价值的分割，虽然资本尚且参与生产过程，而土地所有者则游离在生产过程之外。

总之，资本主义的所有权结构关系决定了剩余价值的索取权，劳动力所有权关系从属于资本所有权关系，土地所有权和货币所有权使土地所有者和借贷资本

① 马克思．资本论（第3卷）［M］．北京：人民出版社，1975：762.

家以地租和利息的形式索取剩余价值，而土地和货币的经营权和使用权使职能资本家以企业经营收入的形式索取剩余价值，而劳动力的使用权给整个资产阶级创造了剩余价值，劳动力所有者只能获得相当于劳动力价格的工资，这就是资本主义社会的生产方式。

第三节　现代西方产权经济学的两权关系理论

一、产权分割理论

产权思想已经由单一的所有权观念演进到受到限制的所有权与从中分解出来的权利束并存的观念。[①] 而这种演进，使产权中两权关系的产生有了前提性的条件，其中主要体现在产权的部分特征中。

关于产权的特征有多种归纳方式，较有代表性的观点如下：产权具有排他性、自由性和有限性、可分解性和可交易性；[②] 产权具有完备性与残缺性，排他性与非排他性，明晰性与模糊性，可分割性、可分离性与可转化性，延续性与稳定性。此外，还有其他很多的总结方式，这些总结之所以各不相同，一方面是源于个人的学术背景，另一方面更主要的是因为产权制度含义本身的含糊性。但是无论如何归纳，这些特性都决定了产权中所包含的诸权利之间有密切的关系。而所有权和经营权之间的关系也在产权的特征中显现了出来。

其中产权的可分割性，就是一个受到广泛重视的论题。产权的可分割性是指产权的各项权项可以隶属不同主体的性质。一项完整的产权包括狭义的所有权、占有权、支配权和使用权，这些权项既可归属为同一主体，也可分属不同主体，这些权项分属不同主体，是随着社会经济发展，财产关系日益复杂化的必然

① 刘峰．西方产权思想的演进脉络［J］．西南民族大学学报（人文社会科学版），2007（9）：98－104.

② 叶祥松．西方经济学的产权理论［J］．当代亚太，2001（7）：50－56.

结果。

著名学者阿尔奇安就特别重视产权要素的可分割性和可转让性，他说："产权要素所具有的自愿的可分割性和可转让性，可以实现两种有益的专业化（有时称作'分离'）：①行使有关资源使用的决策权；②承担市场或交换价值实现的结果。"前者往往被称为"控制权"，后者则被称为"所有权"。产权要素的可分离性可以使人们得益于以下专业化：有的人专门选择与监督资源的使用，有的人专门评价资源使用的成果，有的人则专门承担随之而来的资源未来的用途和价值方面的风险。所以，这种产权要素的可分离性和可转让性，可以使人们在拥有和行使这些可分割权利方面实现专业化，进而获得种种收益。

这种分割的可行性来自于产权的交易。它是指产权在不同主体之间的转手和让渡。产权交易既包括把产权作为一个整体进行交易，也包括将产权中某一项权项或几项权项组合进行交易，前一交易行为是指财产权的全部让渡，是一次性的和永久性的；后一交易行为是指产权的部分转让，其交易是有期限的和有条件的。在这种交换和让渡中实现了产权的所有权和经营权的分离。

产权中的所有权和经营权间的关系正是在这种权利的分割中显现了出来，所有权和经营权在多数情况下，由不同的主体掌握，这些主体由于各自地位和所掌握的权能不同而相互依存又相互制约，他们之间有着复杂的相互关系。最初，所有权对经营权表现出与生俱来的重要制约作用，但随着社会的发展，经营能力在盈利中的重要性日益凸显出来，这样经营权又反过来影响了所有权一方的权益的得失。

在利益的分配中更是如此，由于产权所具有的有限性的特征，决定了产权的每一项权能所带来的利益都是有限量的。① 产权的所有权人和经营权人会依据自己在盈利活动中的贡献大小进行分配。分配的比例也是所有权人和经营权人一个制衡的过程，但是共同追求利益的最大化是他们的共同目标，这样才使得所有权人和经营权人有共同的前进动力。同时，这也是一个实现产权价值最大化的过程。

① 叶祥松．西方经济学的产权理论［J］．当代亚太，2001（7）：50－56.

二、委托—代理理论

委托—代理理论是产权经济学企业理论中的组成部分，是西方产权经济学中对于企业两权关系理论的研究。委托—代理理论的假设前提是委托人对产出没有直接的贡献，而委托人对代理人行为又不容易观察，基于信息不对称和不确定性，学者们以现代公司制企业为对象，从所有者与经营者的关系入手，研究现代股份公司所有权与经营者的委托代理关系，着重研究在这种委托代理关系中合同的决定因素及激励问题。

在现代股份制企业中，众多股东通过选举将所有权交给董事会代为行使，而董事会通过契约的方式将经营权交给经理人，由经理人行使企业经营权，从而形成委托代理关系。在两权分离下的委托代理关系中，由于代理者并不拥有企业的完全所有权，因此会存在代理成本，而如何降低代理成本是学者们研究的一个中心问题，他们分别从内部激励（霍姆斯特姆、泰若勒、克拉克等）和外部激励（德姆塞茨、法马、哈特等）两个方面研究了如何降低现代公司中的代理成本问题。

内部激励需要股东特别是那些分散的股东联合起来，提高对代理人监督的兴趣。事实上，分散的股东联合起来是存在一定难度的，他们没有精力和兴趣来关心企业的经营情况，形成共同意志则更难。在现代股份公司中，董事会作为代表股东利益的经济主体，而董事会的选举又受代理人的控制，从而董事会对经理人的监督也是有限的。要想内部激励有作用，必须保证能够观察到经理人的劳动投入，事实上经理人的劳动投入是难以观察和测量的，这些都限制内部激励机制的作用。

从外部来看，学者们提出，在市场竞争充分的条件下，若两权统一和两权分离的企业同时存在，将会降低两权分离企业的代理成本。如果市场中有些企业是两权分离的，有些企业是两权统一的，那么两权统一企业的经营行为会促进企业成本的降低，从而降价产品的市场价格。这样，就会对两权分离的企业形成市场压力，从而会促进两权分离企业降低代理成本。①

① 吴宣恭．产权理论比较——马克思主义与西方现代产权学派［M］．北京：经济科学出版社，2000：180－182.

本章小结

通过相关理论研究，以马克思政治经济学作为理论基础，吸收西方产权理论的科学观点，对我国农地两权关系进行界定。

农地所有权，是指对于农业用地的占有、使用、收益和处分的权利，它是农地最全面的支配性的权利。农地经营权是指农地的经营者所具有的对于农业用地占有和从事农业生产经营活动并获得收益，且在一定层面上进行处分的权利。

尽管从表面来看，二者都涵盖了所有权的四项权能。但在实质上，它们所处的层次是不同的。农地所有权是终极意义上的权利，它在两权关系中处于支配性的地位。可以根据自己的需要而在一定程度上影响经营权的走向和发展；而农地经营权则是处于被决定的地位，与农地所有权相比较为次要。但是随着社会生产力的不断发展，一种趋势越来越明显：农地经营权将在两权关系中处于越来越主动的地位。这是由于随着生产力的不断提高，收益与经营者的关系越来越紧密，这样势必会不断挤压所有权的地位，使其重要性逐步弱化，这应当也是符合社会发展规律的。

农地所有权与经营权可以统一也可以分离，地租是农地两权分离的标志。当农地所有权与经营权为同一主体时，即农地两权关系统一时，自己无须付给自己使用土地的费用，不存在地租；当农地所有权与经营权为不同主体时，即农地两权关系分离时，农地经营者必须向农地所有者支付地租，地租是土地所有权的经济实现形式，地租是农地两权分离的标志。

第二章 我国农地两权关系演变的历程

我国农村土地制度的每一次变革都是以农地两权关系为核心的，本章主要梳理我国各历史时期农地两权关系时而统一、时而分离的演变历程，并分析各时期农地两权关系变化的影响因素和主要特征。

第一节　我国古代社会的土地两权关系

我国从原始社会到奴隶社会、封建社会，土地两权关系经历了共占共用的统一—王有和诸侯占有的两权分离—封建地主所有农民经营的两权分离的演变过程。

一、原始社会的土地两权关系

原始社会是包括中华民族在内的全世界民族都必须经历的发展阶段，它是社会发展的初期阶段，也是后来各阶段社会发展的最初基础。中国原始社会从公元前21世纪开始，到夏朝共经历了一二百年的时间。原始社会的生产力极其低下，人们靠打猎和采摘野果生活，生产工具以石器为主，劳动技能很低，所以只能靠群体共同生产与生活才能维持生存。最初的原始人不会贮藏食物和生产食物，原始人群常常由于自然环境的影响而迁徙和游荡，人与土地的关系是极其简单的原始关系，并没有产生占有土地的欲望。随着生产的发展，人们逐渐开始定居，并且开始学会农业生产，这样，土地就成为人们的住所和生产的基础。受原始社会落后生产力的限制，人与土地的关系是以部落为基础的，部落成员共同占有土地，共同使用土地，共同占有劳动产品，土地两权关系是集体公有制下的两权统一，更确切地说应该是土地集体占有权与经营权的统一。而氏族之间会有互相交换剩余产品的现象，部落之间常常也会有争端和战争，战胜的部落则会占有战败部落的土地及劳动产品，在这个时候，对于土地的占有欲望就会有所体现。也就是说，在原始社会，在同一部落内部，土地是公占公用的，而在部落之间，则存在着土地占有界限的划分。随着生产力水平的提高，原始部落开始运用基本的劳动分工来进行劳动管理，而对于土地的管理，在原始社会主要由公社进行管理，原始公社并不是整齐划一的，在其层次的划分上和管理的民主性上都并不相同。有些公社分为两个层次，较低层次的公社负责管理家庭的土地生产，而较高层次的公社则负责管理整个部落共有的土地生产，包括产品积累与再生产等；而有些公社在管理上则更专制一些，而有些公社在管理上则更民主一些。

在原始社会末期出现了农村公社这种经济组织形式，这是原始社会向奴隶社会过渡时期的组织形式，是公有制向私有制转变、原生形态向次生形态转变的组织形式。在父系氏族公社后期，人们使用的生产工具虽然还是以木器、石器、骨器为主，但劳动工具的制作更为精细，提高了劳动效率，同时，由于冶铜业的发明，铜器工具的出现更推动了生产力的发展，这样就出现了剩余产品，剩余产品的出现为个体劳动提供了可能，这样就引起了两个方面的变化：第一，私有制或私有观点开始萌生，氏族组织结构发生变化。随着生产力的发展，部落的产品剩余越来越多，这样，就逐渐产生了部落首领侵占公共剩余产品和共有财产的现象。同时，父系氏族和家庭关系的组织结构也产生变化，婚姻关系出现了一夫一妻制，并且这种一夫一妻制逐渐从家长制的大家庭中分离出来，生产经营单位以小家庭为主。这说明血缘关系在氏族中的作用越来越小，公社成员之间出现了流动的现象，人们更多地以地域为基础结合在一起，农村公社就是以地域关系把居民结合在一起的组织形式。第二，出现了土地的两权分离。在原始村社时期，由于生产工具的进步，农业生产力水平的提高，剩余产品的增加，引起了氏族公社内部组织结构的变化，促进了个体生产的可能，使得一夫一妻制的小家庭成为基本的社会组织细胞。同时由于私有观念的出现，人们占有剩余产品的欲望增强，氏族内部的共耕制逐渐被家庭私耕制所取代，从而产生了土地公有和家庭经营的两权分离。当然生产关系的变化都是逐渐产生的，在原始农村公社内部的家庭私耕制和土地的公有私营也是逐渐产生的，在大家庭人数众多，以至于共耕无法进行时，大家庭就会破产。而土地的分配也是逐渐形成的，由于生产力落后，个体劳动在某些环节上还无法实现，因此所谓的个体劳动也不是绝对的。

可见，在原始农村公社内部，出现了组织结构的变化和一定程度上的私有制和土地两权分离，但这些并不是占主体地位的生产关系，因为，在农村公社中所出现的个体家庭耕种，是不彻底的，同时，农村公社中还保留大量的土地进行集体耕种，特别是森林、草场、牧场等，公社依然需要组织成员集体劳作和分配产品，这是公社的一个重要组织功能。即在农村公社内部出现的私有制和土地两权分离，是次要的生产关系，是在原始生产关系下逐渐产生的局部生产关系，并不足以占有主体地位，原始社会的土地两权关系从总体上看依然是集体占有下的两权统一。

总之，在生产力较为缓慢发展的作用下，原始社会经历了原始人群、氏族公社和农村公社三个发展阶段，经历了由游荡迁徙到定居；由无长幼的群婚制到长幼自然分工、母系氏族、父系氏族；由摘野果捕获猎物到学会基本的栽培农业和畜牧业的过程。而原始社会的土地制度，虽然在原始社会的不同发展阶段都存在着不同的特点，但受极低生产力发展水平的制约，其主要的性质是公占公用。虽然在氏族公社中，土地的占有分为部落、氏族、家庭公社分层次占有，但不管在哪一个层次上，人们都是共同占有土地、集体劳动、平均分配劳动产品、共同生活，土地两权关系是统一的。只是到原始社会末期的农村公社时期，开始出现了土地公有关系下的两权分离，但这种两权分离也不彻底，是一种次要的关系，是原始社会向奴隶社会演变的一种过渡形态。

二、奴隶社会的土地两权关系

虽然对于中国的井田制，学者们都还存在一定的争议，多数学者通过对大量史料的研究，证明中国古代社会确实存在过井田制。中国井田制的起源可以追溯

到黄帝时期，主要起源于黄帝到夏禹时期，这段时期正是原始社会末期的农村公社时期，即学者们认为井田制的原始形态正是农村公社时期的土地制度，农村公社是原始社会向奴隶社会转变的一种社会组织形式。

井田制的出现，归根结底是由当时生产力决定的，是与当时的农业生产技术、水利建设相适应的一种土地规划形式。当时农业生产普遍采取耦耕的方法，即“匠人为沟洫，耜广五寸，二耜之耦。一耦之代，广尺深尺，谓之甽”（《周礼·考工记》）。耒耜是一种当时普遍使用的简陋耕作农具，两人一对使用这种农具，倒退着耕作，一趟耕作后就形成了一个长条状的耕地，这样的耕作方法使土地自然形成一些长方块或正方块的耕地。井田制的另一种技术因素在于当时普遍使用沟洫制的水利系统，学者们对于沟洫制作用的研究结果并不相同，有的认为这是一种治理洪水的系统，有的认为这是一种灌溉系统，有的认为这是防洪抗旱相结合的水利系统。但不管怎么样，都认为沟洫制是客观存在的一种较为普遍的水利系统，并且井田制与这种沟洫制有很大的相关性，受地理和水流的影响很大。《周礼·考工记》中对沟洫制有这样的记载：“广二尺深二尺，谓之遂。九夫为井，井间广四尺，深四尺，谓之沟。方十里为成，成间广八尺深八尺，谓之洫，方百里为同，同间广二寻，深二仞，谓之浍，专达于川，各载其名。”记载中的遂、沟、洫、浍为由浅而深、由窄而宽的水渠，夫、井、成为一定大小的进位，也是由水渠隔成的一定面积的土地，在这些土地规划上又有六种水路与五种旱路相伴而行，这样土地就被分成了一块一块的方块田。

井田制的原始形态起源于农村公社，原始农村公社时期的土地两权关系开始出现分离，土地归农村公社共同占有，有一部分土地逐渐开始由家庭个体经营，出现了土地共同占有与家庭经营的两权分离，但并没有成为占主体地位的生产关系，共耕与私耕同时存在，这是由生产力发展水平所决定的。在井田制发展的过程中，随着生产力水平的提高，土地经营权的分配开始逐渐演变。土地经营权的分配先以血缘关系在家庭公社内分配，逐渐演变为向个体家庭分配。分配的土地等级也随着生产力的发展而逐渐发展，在生产力较低下且人口较少时，人们的生产能力有限，所以分配的土地都是已开垦的肥沃土地，随着生产力的提高，分配的土地等级由优等地发展到优等地和劣等地搭配，分配方式也是不同等级的土地搭配起来分配。当时土地分配的原则基本是平均分配，这也体现了原始社会的平均主义精神和平均主义传统。

中国奴隶社会正是在原始农村公社的基础上建立的，并且这种原始农村公社的某些特征一直贯穿于奴隶社会的整个发展过程，不仅对奴隶社会，甚至对中国封建社会也产生了重要影响。原始农村公社时期的土地有共耕和私耕，既有共有地又有私营地，土地两权关系是共同占有下的占有权与经营权的统一与分离并存，且统一居于主体地位。随着生产力的发展，人们的私有思想不断发展，部落首领、公社领导人等上层人士凭借自己的权力和地位占有包括共有地在内的共有财产，这种速度较快，而下层社会由于受生产力水平的限制，其分化速度较慢，从而使奴隶社会一直保留原始农村公社的生活方式。社会阶层分化之后，就形成了贵族阶层和公社农民，并且贵族阶层的财产开始出现世袭制，他们在经济上占有生产资料，政治上也开始行使专制统治，出现了社会的统治与被统治，中国社会由民主社会逐渐过渡到阶级社会，建立了奴隶制国家，国王是这个国家奴隶主阶级的代表。

在夏、商、西周的奴隶社会中，国王是土地的最高所有者，所谓的土地国有实际上是土地王有，但也并不是由国王一人独占，商周时期的土地是在等级王权制度上的奴隶主阶级占有。在商代就开始出现了分封制，在西周时期，分封制实现了制度化，国王所拥有的土地有些由国王直接占有，有些通过分封制分给各诸侯国，国王通过政治权力实现对土地及各诸侯国的经济控制。各诸侯国对于所分得的土地只有占有权，没有处置权，没有王命不能私自买卖、转让土地，只有国王才具有土地的最终所有权，国王可以收回分封的土地，各诸侯也要向国王交纳具有地租性质的税——“租税合一”的贡品。奴隶社会沿用了原始农村公社时期的井田制，因为，虽然这一时期的生产力水平有所提高，农业生产工具和施肥技术都有所改进，并且实行了一定休耕制，但农业排灌方式和耦耕方式并没有改变，因此井田制也保存至奴隶社会，并得到一定程度的发展。奴隶社会的井田制与原始社会末期的井田制相比，出现了质的变化，奴隶社会的井田制是建立在阶级社会基础上的，奴隶主阶级不仅占有土地和生产资料，还占有奴隶本身，并且通过政治权力的保障实现对奴隶的剥削。国王将一些土地的占有权分给各诸侯，同时也将农村公社分给各诸侯，诸侯对所占有土地的经营都是通过农村公社来完成的，农村公社是奴隶主土地的具体占有者。奴隶社会农村公社的土地经营方式都要服从于奴隶主阶级的剥削，奴隶主通过对农村公社的控制和管理实现对劳动者的剥削，农村公社的剩余产品由原始社会时期的共同占有转化为由奴隶社会的奴隶主剥削占有。中国奴隶社会发展不充分，并不具备古希腊、罗马等国家的典型的奴隶社会特征，农村公社的土地经营也保留着原始社会的一些特征，继续存在着一定的“私田”和“公田”，但这种“私田”既有原始社会的性质，同时则更是受奴隶主剥削下的“私田”，土地经营的方式都要服从于奴隶主的意志。奴隶社会的劳动者也具有村社农民和奴隶的双重特征，既有自由又无自由，既有独立性又无独立性。从这个角度我们也可以看出，在土地两权关系上，由于存在着土地公社占有权和“私人”经营权的分离，奴隶社会的“私田”制度可能是一些学者认为中国不存在真正奴隶社会的原因之一。

总之，从原始社会末期到奴隶社会的建立和发展，人类步入了阶级社会的发展阶段，社会政治经济都发生了根本性的变革，井田制的经济性质也发生了实质性的变化。伴随着私有制和奴隶主阶级国家的建立，土地由共同占有转变为私有，虽然从所有权的权能分割来看，奴隶社会的土地所有权关系表现出了等级制下的、多层次的、较为复杂的关系，但从总体上来看是土地王有和各奴隶主占有的两权分离及奴隶主占有和村社农民使用的两权分离，总之是一种两权分离的关系，这是由中国奴隶社会的生产力发展水平决定的，并受中国诸多特定因素所影响。

三、封建社会的土地两权关系

春秋战国时期是中国社会大动荡、大变动的时期，奴隶社会的经济基础——井田制瓦解，封建地主夺取国家政权，剥削方式变为以实物地租为主的封建剥削方式，中国奴隶社会开始向封建社会过渡。

（一）奴隶社会向封建社会过渡中的土地国有制下的两权分离

奴隶社会末期，随着周朝王室权力的衰弱，周王的土地最高所有权受到冲击，各诸侯国逐渐将自己分封的土地的占有权变成了所有权，不再向周王交贡税。周王室的衰弱，使各诸侯国不仅侵占周王的土地和掠夺农作物，各诸侯国之间也经常互相争夺土地，而争夺土地的结果是进一步削弱国王的土地所有权和瓦解奴隶社会的分封制，从而各诸侯国也开始逐渐拥有土地的处置权，虽然还没有实行土地买卖，但土地已经可以开始作为报酬、赔偿和贿赂之用。“普天之下，莫非王土”已成为一句空话，土地所有权向各诸侯下移，土地王有转变为诸侯所有。

除了上层社会的变化外，春秋战国时期的土地经营方式发生了重大的改变，农村公社逐渐瓦解。春秋战国时期，中国进入了铁器时代，农业生产普遍使用了铁制工具——犁铧，并且采用了牛耕的方式，农田灌溉工程也得到了大发展，这些都促进了农业生产力的大幅度提高，从而为个体生产创造了必要的条件，也刺激了村社农民对土地经营权的要求。农业生产力和社会生产力的提高，促进了这一时期商品经济的发展，农产品也纳入到商品交换的行列，手工业得到一定的发展，春秋末期，还出现了货币。商品经济的发展冲击着农村公社的经营方式，村社农民的私有观念特别是对土地的私有欲望越来越强烈，促进了家庭经营的发展，加速了农村公社的破产。

经济上的变化引发政治上的变动，村社农民长期受战争、兵役、徭役、高利贷的折磨，对于奴隶主的剥削与压迫强烈不满，大量劳动者逃出公社或在公社的劳动中消极怠工，致使大量公田撂荒，加速了农村公社经营的破产。社会政治经济的变化使奴隶主阶级用原来的方式剥削村社农民变得越来越困难，奴隶主陷入了政治经济的危机中。同时，奴隶主之间又存在着激烈的竞争，这些就促进了奴隶主阶级的分化，从原来的奴隶主阶级中分化出了一些新兴势力，这些新兴势力为了吸引劳动者，采用了新的剥削方式，他们收留大量的奴隶或村社农民，分给这些劳动者一定的土地进行耕种，采用征收实物地租的方式来进行剥削。这些从奴隶主阶级分化出来的新兴势力后来就演变为封建地主，这些奴隶和村社农民就转变为封建农民，而征收实物地租正是封建社会典型的剥削方式。生产力的发展、村社农民对土地的诉求及新兴势力新的剥削方式都在进一步瓦解着奴隶社会制度，统治者也开始效法而行，通过“彻法”、管仲的“相对而衰征”、“初税亩”、“初租禾”等将剥削方式由劳役地租变革为实物地租，并且开始逐步承认劳动者对于所耕作土地的占有与使用，从而促进了奴隶社会向封建社会的转变。

春秋战国之交，新兴的地主阶级通过革命（武装夺取政权）和变革（变法）两种方式夺取了国家政权，在政治上取代了奴隶主的统治地位。封建地主阶级夺

取政权后，为了发展封建社会生产力，进行了一系列的改革，在政治上废除了分封制与世袭制，代之以郡县制与官僚制；在经济上废除了井田制，中央把土地的权力集中起来，将土地由原来的诸侯所有变为国家所有，建立了封建国家土地所有制。这时的土地占有和经营分为两个层次：一种是国家所有和国家直接经营，这样的土地数量所占比例较小；另一种是国家把土地通过授田的方式分给农民、徙民、有军功的人、官吏、出狱的犯人等，国家向授田的农民征收具有地租和赋税双重性质的费用，国家授田在国家所有的土地中占有的比例较大。虽然在战国时期的封建土地国家所有制下，国家依靠政治权力垄断了土地所有权，而向授田的农民征收的费用具有租税合一的性质，但是具有一定地租性质的实物地租确实反映了国家土地所有权在经济上的实现，是一种典型的两权分离。

（二）封建土地私有制下的两权分离

战国时期，中国建立了封建土地国家所有制，战国后期开始出现了封建土地私有制，在秦汉时期这种个人所有制的确立为封建时期的主体所有制。

在封建土地国家所有制下，存在土地所有权与经营权的分离，占有土地的两个层次分别为以新兴势力为主体的大土地占有者和以农民为主体的小土地占有者。从上层社会来看，由于官位和军功都不能世袭，这些地主在任时有稳定的土地和收入，而后代却没有保障，这样，这些地主们就要求土地的所有权，以期能够世袭，保障子孙后代的生活。从下层社会来看，个体化经营的程度越来越高，大家庭向小家庭分化，国家授田数量有限，新分化出来的家庭得不到国家授田，只能从大家庭中分田，或者去开垦荒地；个体经营的发展，使农民出现了贫富分化，有些农民离开土地，有些农民通过多种方式占有土地，这些都促进了封建土地私有制的建立。另外，在战国时期商品经济发展的情况下，开始出现了土地买卖，这也为封建土地国家所有制向封建土地私有制的转变提供了条件。各阶级对土地私有的要求及土地兼并的产生，使国家对已经存在的土地私有开始了制度上的认同。秦统一以后，国家开始承认土地私有权，西汉初期，国家开始向各个阶层分配土地的所有权，同时伴随土地买卖的普遍化，使封建土地私有权在制度上得以确立和巩固。

中国经历了漫长的封建社会，历朝历代都对土地制度或税收制度进行过改革，有些限制土地兼并，有些也实行了放任土地兼并的政策，不管制度在具体环节上有哪些差异，都未能改变封建土地所有制的根本。从整个中国封建社会各段时期来看，土地所有制有三个层次：国家所有、地主所有、自耕农所有。从时间发展来看，土地国有的数量越来越少，而自耕农虽然在封建社会末期得到了一定程度的发展，却也不能成为主流，地主阶级的土地所有权始终成为中国封建社会占据主体地位的土地所有制。从土地经营方式来看，自耕农是自有自耕，土地两权关系是统一的，当然这种关系是次要的；而地主阶级的土地采用租佃经营的方式，土地两权关系是分离的，这种两权关系才是居于主体地位的关系。

综上所述，从我国古代社会的土地制度演变来看，土地两权关系经历了不同所有制下的演变历程：从原始社会土地共同占有下的两权统一，发展为奴隶社会下土地王有的两权分离，发展为奴隶社会末期封建社会初期的土地诸侯所有制下的两权分离，再发展为封建社会时期土地私人所有制下的两权分离。

第二节　我国半殖民地半封建社会时期的农地两权关系

旧中国[①]的农村生产关系是封建土地所有制，农民租佃地主和富农的土地进行耕种，以维持自己的生活，农村土地两权分离。

一、土地占有情况

新中国成立前，我国经历了长期的封建社会，虽然出现了资本主义的萌芽，但由于特殊的历史原因，并没有走上资本主义道路，而经历了半殖民地半封建社会，对于这一时期的土地占有情况有两种不同的观点。

一种观点认为，在这段时期，我国土地大部分归地主和富农所有，中农占有

① 旧中国是指 1912 年至 1949 年，从孙中山建立中华民国，到毛泽东领导中国共产党建立新中国的这段时间。

少量土地，而贫农占有的土地是微不足道的。《中国国民党中央执行委员会农民部土地委员会报告》（1927年）中记载当时的土地占有情况，如表2－1所示。

表2－1　《中国国民党中央执行委员会农民部土地委员会报告》中的土地占有情况①

	地主	富农	中农	贫农
人口比例（%）	14	18	24	44
占有土地比例（%）	62	19	13	6

毛泽东在《井冈山的斗争》中提到："边界土地状况大体说来，土地的60%以上在地主手里，40%以下在农民手里。"② 根据其《寻邬调查》和《兴国调查》中的数据计算的土地占有情况，则分别为7.45%的地主和富农占有70%的土地和6%～8%的地主和富农占有80%的土地。邓子恢、刘少奇、周恩来等中共中央领导相关的提法都指出中国土地大多数集中在地主和富农手中。

另一种观点认为，地主和富农与其他农户各占有一半土地，并没有出现所谓的土地向地主和富农集中的趋势，当然土地占有关系依然是不平等的，表2－2是1950年有关部门做出的关于土地占有情况的调查与计算。

表2－2　1950年有关部门做出的关于土地占有情况③

资料＼地区	地主、富农			中农、贫雇农		
	户数比例（%）	人口比例（%）	土地比例（%）	户数比例（%）	人口比例（%）	土地比例（%）
国家统计局	6.87	9.41	51.92	93.13	90.59	48.08
华东军政委员会	5.31	7.16	33.37	94.79	92.84	66.63
中南军政委员会	6～9	8～10	25～65	90以上	90以上	30～70

① 冯继康．"三农"难题与中国农村土地制度创新［M］．济南：山东人民出版社，2006：84.

② 毛泽东选集（第1卷）［M］．北京：人民出版社，1991：68.

③ 国家统计局：《新中国成立三十年全国农业统计资料》（第19页）；华东军政委员会土地改革委员会《土地改革前华东农村土地状况》（第3～5页）；中南军政委员会土地改革委员会编《土地改革主要文献与资料》（第38～40页），以上均转引自温铁军：《"三农"问题与制度变迁》，中国经济出版社2009年版，第102页。

土地占有情况的调查研究结果之所以不同，主要原因在于中国各地区土地资源条件存在着很大的地区差异，许多学者经过研究都得出过相近的结论，陈翰笙、冯和法、马扎亚尔（匈牙利）等都曾指出中国当时的土地占有情况存在着很大的地区差异。表2－3是严中平汇集了多方资料的统计数据，图2－1是根据数据绘制的图表。

表2－3　不同地区各阶级对农村土地的占有情况①

单位：%

地　区	资料时期	地主		富农		中农		贫农		其他	
		户数	土地	户数	土地	户数	土地	户数	土地	户数	土地
吉林黑龙江52县	1925年	14.3	52.0	42.8	39.0	42.9	9.0	—	—	—	—
河北保定10村	1930年	3.7	13.4	8.0	27.9	23.1	32.8	64.2	25.9	—	—
河南辉县4村	1933年	4.4	27.5	8.1	20.6	24.7	33.9	58.0	17.8	4.9	0.1
晋察冀北区45村	1937年	2.4	16.4	8.5	21.9	35.4	41.7	47.5	19.1	6.2	—
陕西绥德4村	1933年	1.5	16.9	3.3	22.9	11.4	28.4	79.8	31.8	4.0	—
江苏无锡20村	1929年	5.7	47.3	5.6	17.7	19.8	20.8	68.9	14.2	—	—
启东8村	1933年	0.5	9.2	7.2	58.4	31.4	25.8	57.8	6.4	3.1	0.2
常熟7村	1933年	1.3	28.2	1.9	31.3	25.3	17.6	65.6	22.4	5.9	0.5
浙江龙游8村	1933年	7.2	73.0	6.0	9.7	17.9	10.6	56.9	6.6	12.0	0.2
崇德9村	1933年	2.3	22.8	6.8	4.6	24.6	35.4	67.9	36.5	4.5	0.7
永嘉6村	1933年	1.4	28.4	1.0	11.0	6.1	17.4	76.4	43.1	15.1	0.1
江西兴国	1930年	1.0	40.0	5.0	30.0	20.0	15.0	61.0	5.0	12.0	—
广东番禺10村	1933年	2.9	18.6	8.8	38.6	16.0	21.9	51.6	17.2	20.7	3.8
广西桂林6县14村	1934年	4.9	37.8	7.9	22.1	29.6	27.8	57.6	12.3	—	—
云南昆明6村	1933年	1.7	9.5	11.4	33.6	18.7	29.7	68.2	29.0	—	—
四川长寿	1935年	15.7	68.1	27.4	23.8	56.9	8.1	—	—	—	—

① 温铁军."三农"问题与制度变迁［M］.北京：中国经济出版社，2009：104.

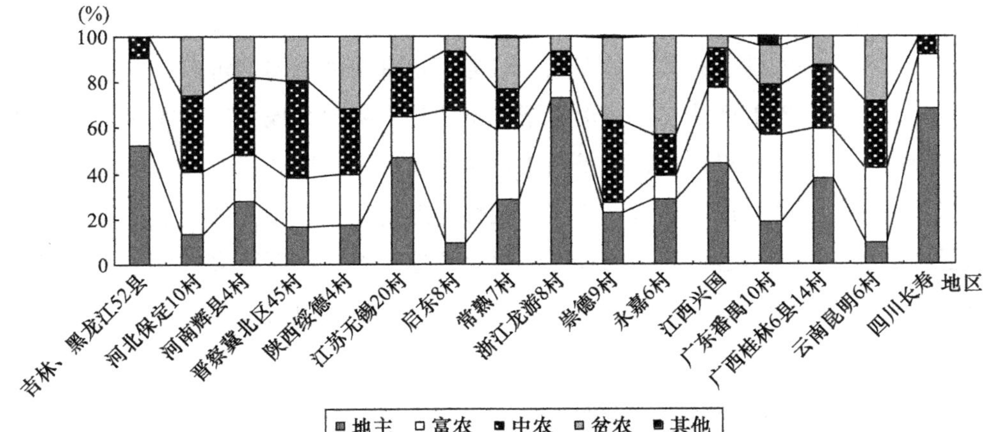

图 2-1　不同地区各阶级对农村土地的占有情况

另外，成汉昌又综合了严中平和陶直夫（钱俊瑞）的资料，按区域划分计算了中国 20 世纪二三十年代各地区地主占有土地的比例情况见表 2-4：

表 2-4　我国 20 世纪二三十年代各地区地主土地占有情况①

单位：%

地区	东北			西北		华北		华中及华南				
	北满	中满	南满	绥远五原	陕西绥德 4 村	河北保定 10 村	河南辉县 4 村	江苏无锡 3 村	湖南茶陵	四川重庆 30 县	广东番禺 10 村	广西桂林 6 县
地主占地	66.6	68.8	76.2	60.0	55.7	13.4	27.5	53.5	70.0	77.6	68.2	43.4

虽然上述资料的年份并不相同，调查统计方法与标准也不相同，从而统计结果可能缺少一定的可比性，但还是可以看出当时中国的土地集中情况存在着较大的地区差异，并且可以直观地看出占人口数量半数以上的贫民占有的土地普遍最少，若用各阶级的土地占有量与相应的人口数量作一个比例，那么土地的人均占有量则会体现出更大的阶级差异，所以对于旧中国的土地占有情况来讲，不管土地主要集中在哪些人手中，总之不是集中在贫民手中，因此，这种土地占有的不

① 成汉昌．中国土地制度与土地改革——20 世纪前半期［M］．北京：中国档案出版社，1994：21.

平等是绝对的。

关于旧中国农地占有关系的特点和趋势，也有两种不同的观点：一种观点认为，在旧中国特殊的政治、经济形势下，土地越来越向大地主、大军阀、大买办手中集中；另一种观点认为，正是由于特殊的政治、军事环境，旧中国的土地所有权呈现出越来越分散的趋势。其实，两种观点均来自于相关的实证分析，差异的原因依然是旧中国各地区之间存在着很大的地区差别，原因多且复杂，有资源特点的原因、军阀混战的原因、商品经济的原因、也有殖民侵略的原因。如四川省由于抗日战争的影响，我国东北地区由于日本帝国主义的长期占领，20 世纪以来，土地所有权越来越集中，而更有很多地区由于日军的残酷掠夺、军阀战败破产及土地革命斗争等多方面的原因，土地所有权越来越分散，地主和富农占有土地比例不断减少，土地逐步分散到中农和贫农手中，从而自耕农的比例也有所上升，但这些并没有改变封建土地制度，农民占有的土地依然是极少的。

二、土地经营方式及两权分离

从旧中国农村土地的占有情况可以看出，人口占多数的劳动者占有相对少量的土地，而人口占少数的人占有多数土地，土地占有关系严重不公平，而无地和少地的农民想要维持生活，就必须租种地主和富农的土地。所以，旧中国的土地经营方式主要是租佃经营，地主一般把土地租给农民，向农民收取地租，富农大多雇用长工或短工来耕种自己的土地，只有少数的中农和贫农耕种自己的土地。从土地经营的方式上可以把旧中国的地主分为租佃地主和经营地主，租佃地主单纯以出租土地收取地租为生，这些地主把土地出租给佃农，佃农用自己的生产工具在土地上生产，将收成的半数或多数以地租的形式交给地主，这种地主在中国的比例多一些；还有少量的地主雇工经营自己的土地，自己并不参加劳动，这种经营一般规模不大，有的雇工数量还不及富农雇佣的长工和短工的数量多，且受现实约束，并不能走上资本主义经营方式，其性质还是封建的，并且也会不断地转变为租佃经营。旧中国富农分为新式富农和旧式富农，新式富农雇工进行生产经营，同时也进行农产品加工、销售和商业经营，带有一些资本主义性质；旧式富农主要是雇佣长工和短工对土地进行耕种，或者将自己的土地出租以收取地租，这种经营方式是纯粹封建性质的。在我国封建制度下，新式富农资本主义性质的生产经营中也带有封建剥削的性质，因此，我国富农阶级具有资本主义和封建主义的双重属性，其与地主阶级既有区别与矛盾又有对贫农剥削上的共性。旧中国的中农一般占有小块土地和少量生产工具、牲畜等生产资料，自己进行耕种，一般不产生剥削关系，自给自足；有的贫民也占有小块土地，但数量太小，一般不足以维持自己的生活，靠租入土地进行耕种或给别人做雇工获得一些生活资料，是被剥削者。因此，在半封建半殖民地的旧中国时期，虽然有农地的资本主义经营方式，但封建土地制度还是处于主导地位，除了自己耕种土地的中农和富农，大多数农地的所有权与经营权是分离的，也就是说，农地两权分离在这一时期农地两权关系中居于主导地位，表 2 - 5 是农村各阶级的使用土地中租入土地情况的统计数据，可以看出土地租用在当时的中国较为普遍，说明当时在我国农村土地两权分离占主导地位，且租入土地的主要是富农、中农和贫农，而具体耕种者即真正付出劳动的劳动者主要以贫农为主，只有中农自己参与劳动，其他

表 2 - 5　农村各阶级的使用土地中租入土地情况①

单位：%

年份	地区		各阶级租入土地占使用土地比率			
			地主	富农	中农	贫农
1928	河南	镇平 6 村		63.1	66.8	34
		辉县 4 村		50.8	12.5	31.1
		许昌 5 村		0.74	2.6	16.6
1933	江苏	邳州 6 村		52.7	53.8	33.2
		盐城 7 村		17.2	42.1	38.2
		启东 8 村		35.9	75.6	89.5
		常熟 7 村			91.0	86
	河南	镇平 6 村		64.7	67.2	40.8
		辉县 4 村		58.4	20.8	39.1
		许昌 5 村		13.7	10.4	22.1
		文本 2 县 48 村		9.5	29.1	53.2

① 温铁军．“三农”问题与制度变迁［M］北京：中国经济出版社，2009：116.

续表

年份	地区	各阶级租入土地占使用土地比率			
		地主	富农	中农	贫农
1944	山东莒南、赣榆3区11村	6.1	13.2	8.0	47.1
新中国成立前	苏、浙、皖29县36乡	12.4	51.2	62	65.3
	皖南6村	0.28	3.08	59.7	35.0

阶级则主要剥削贫农阶级的劳动果实。

表2-6中数据可以显示两方面问题：第一，一般地主和富农使用土地不超过总土地面积的30%，只有极少地区达到40%以上，而农村土地大约60%以上

表2-6　农村各阶级使用土地面积比例①

单位:%

		地主、富农		中农、贫雇农		其他	
		1928年	1933年	1928年	1933年	1928年	1933年
陕西	渭南4村	24.0	19.1	75.9	80.6	0.1	0.3
	凤翔5村	17.3	10.5	82.7	89.5		
	绥德4村	18.9	15.0	81.1	85.0		
河北	保定10村	39.6	39.0	60.4	61.0		
河南	镇平6村	28.8	28.3	71.2	71.7		
	辉县4村	44.5	40.2	55.4	59.8	0.1	
	许昌5村	21.0	22.0	78.4	78.0	0.6	
江苏	盐城7村	58.0	55.8	42.0	44.2		
	启东8村	40.3	37.3	59.7	62.7		
	常熟7村	8.0	8.2	92.0	91.8		
浙江	龙游8村	35.0	35.3	64.5	64.3	0.5	0.4
	东阳8村	10.2	9.0	79.3	79.1	10.5	11.9
	崇德9村	3.5	5.3	96.5	94.7		
	永嘉6村	10.3	10.4	88.3	88.5	1.4	1.2
广东	番禺10村	35.4	33.9	64.6	66.1		

① 朱玉湘．中国近代农民问题与农村社会［M］．济南：山东大学出版社，1997：75.

续表

		地主、富农		中农、贫雇农		其他	
		1928 年	1933 年	1928 年	1933 年	1928 年	1933 年
广西	苍梧 6 村	17.6	15.7	82.4	84.3		
	桂林 7 村	36.4	32.5	63.6	67.5		
	思恩 7 村	28.3	30.8	71.7	69.2		

都是由中农、贫雇农耕种的，根据上文土地占有关系及租种比例可以看出，旧中国农村土地两权关系是分离的；第二，从纵向来看，中农和贫雇农使用土地比例有所上升，而地主和富农使用土地比例有所下降，土地使用权越来越分散，致使中国农村土地经营规模更加细碎化，不利于资本主义生产方式的发展。

中国的封建土地所有权关系具有封建社会的共性，表现为农民向土地所有权交纳的是封建地租，自己只留下少量的剩余粮食，与自然经济结合，地租形式主要采取实物地租的形式，兼有劳役地租和货币地租。同时，中国土地所有权关系又因为资本主义萌芽而呈现出一些资本主义特征，表现为经营土地的农民的自由性相比传统的封建社会大得多，人身依附关系越来越淡化，相当数量的农民具有越来越大的经营自主权。商品交换的深度和广度不断扩大，商品经济得到一定程度的发展，自然经济不断趋于瓦解，土地所有权的转让越来越多，逐渐冲破了宗法关系的束缚，从而有条件使土地越来越集中或者越来越分散。

中国当时的生产力发展水平（生产工具以手工工具为主）和政治状况（战乱、帝国主义侵略），使中国的资本主义萌芽没有成长为参天大树，就连少量的带有资本主义性质的农地经营也常常因为各种压迫而难逃被兼并的命运。中国部分地区的土地集中并没有产生像英国圈地运动后的资本主义生产方式，原因在于中国土地集中是通过交换进行的，而英国的圈地运动是通过暴力完成的。由于当时中国商品经济的发展及土地买卖的放开，社会经济和政治条件又决定了人们认为拥有土地这种不动产的所有权是财富保值增值的最好方式，致使越来越多的货币同土地所有权相交换，形成了土地的集中和货币的分散，土地越集中，资本越分散。而英国的圈地运动并没有动用社会资本，这些资本形成产业资本与工业和土地相结合，形成工业与农业的资本主义经营，农场主和产业资本家一样雇佣工人进行劳动，占有工人创造的剩余价值。中国的货币与土地所有权的交换，单单是为了获得土地所有权，而不是向农业投资，没有形成资本，卖地一方常常是小块土地的所有者，换取货币也不是用作资本，一般都是在迫不得已的情况下才出卖土地，所得货币主要流入消费领域。同时，无地可有的农民并没有同英国农民一样流向城市手工业，中国当时的手工业并不发达，并不能接受这么多的工人，并且农地的封建经营方式，也需要大量的佃农，从而让农民留在农村，同时中国传统思想的影响也使农民更加依恋土地。① 因此，中国部分地区的土地集中并没有使中国走向资本主义，虽然与传统的封建经营相比，中国农民本身及经营方式都有了一定的自由，但中国农业的经营方式主体上还是封建性质的。

三、地租情况

拥有土地的地主、富农与农民发生租佃关系时，一般都约定租田的方式、期限等，旧中国农村的租佃方法有两种：一种是直租，即农民直接从地主或富农手中租种土地；另一种为转租，即出租方和承租方通过中间人完成土地租佃关系。在两种租佃方式中，我国农民主要采用直租的方式，表 2 – 7 为 1934 年国民政府实业部的调查资料，数据表示了两种租佃方式各自所占的比例。

表 2 – 7　农民租佃土地方式所占比例②

单位:%

	江苏 14 县	浙江 8 县	安徽 4 县	江西 15 县	山东 36 县	山西 6 县	河南 32 县	甘肃 3 县	总计
直租	89③	94	75	94	85	75	91	100	88
转租	11	6	25	6	15	25	9	0	12

① 傅筑夫．中国经济史论丛（续集）［M］．北京：人民出版社，1994：56.

② 成汉昌．中国土地制度与土地改革——20 世纪前半期［M］．北京：中国档案出版社，1994：56.

③ 原文此处数据为 94，但与 11 相加则超过 100%，根据该文章表格后文字描述："直租占 90% 以上的有 4 个省，占 80% 以上的有 6 个省"，判断此处有笔误，并根据总计比例计算进行排除，将此处数据改为 89。

租佃关系中还有一个重要的内容是租佃期限，旧中国租佃方式有定期租、不定期租和永佃制，其中不定期租比重最高，而定期租和中短期租比重较大且不断增加，而长期租和永佃制比例不断减少，永佃制是在租佃关系即土地所有权与使用权分离的过程中，土地所有权的变更并不改变租种土地的农民对于土地的使用权，即“换主不换佃”。旧中国租佃期限的特征和变化与封建剥削关系有关，完全体现了封建地主的利益要求，地主可以通过决定租佃期限而在约定租约时居于支配地位，从而更有利于地主阶级利益的实现。

而在确定租佃关系时，地主提供土地、农民付出劳动只是一个基本的方式，除此之外，还要规定生产资料（牲畜、农具、种子等）的提供方式，是一方提供还是两者共同提供，谁提供的多一些，从而在劳动成果的分配上也有所不同。表2－8将三种租佃方式进行了比较。

表2－8　三种租佃方式比较

租佃方式	定租租种	分租租种	帮工佃种
生产资料负担	佃农负担全部生产资料	地主与佃农共同负担生产资料	地主除负担生产资料外，还负担佃农的生活资料
地租方式	租额固定不变，“死租”“丰歉无加减”。地租额占农产品的50%～60%，也有的地方达到80%以上。是纯粹地租	按一定比例分配农产品，地租数额不固定。地租中除纯粹地租外，还包括地主投入生产资料的利息	按较大比例分配农产品，“二八”“三七”“一九”。地租中除纯粹地租外，还包括地主投入生产资料和生活资料的利息
特点	地主不过问土地的经营管理，农民可通过提高农业生产率来多得剩余产品。农民生产积极性较高，有利于保护耕地	地主与佃农共同承担风险，地主干预农地的生产经营	地主直接干预生产经营、监督佃户
分布	在全国各省都较为普遍，大概占76%，水田占80%以上，旱田占60%以上	在全国约占22%，贫瘠地区比重比肥沃地区比重大	比重较小，在全国只占2%左右

旧中国土地租佃方式以定租租种方式为主，地主并不过问土地的生产经营，既不付出劳动，也没有任何生产资料的投入，只凭借土地所有权收取地租，体现了土地所有权与使用权的完全分离。

封建社会的地租依次出现过劳役地租、实物地租和货币地租三种形态，在不同时期和不同地区，地租形态有所不同。劳役地租是封建社会初期主要的地租形态，在某些少数民族地区，劳役地租的存在时间比较长，农民要想取得地主的一小块土地耕种权借以维持生活，就必须无偿地为地主的其他土地付出劳动，分别是必要劳动和剩余劳动，“无酬剩余劳动所借以表现的经济形式就是地租”①。实物地租是中国封建社会最主要的地租形态，是与自然经济相适应的地租形态，农民为了租种土地而付给地主一定量或一定比例的谷物，在水田地区，主要是稻谷；在旱田地区，以小麦、谷子、高粱、豆子为主。实物地租在各种地租形态中占绝对优势，在全国各省都普遍存在。实物地租形态下的农民有了一定的耕种自主权，比劳役地租形态下的农民有了较多的生产经营的自由，农民生产积极性有所提高，地主收取的地租以实物的自然形态表现，而不像劳役地租是以劳动的自然形态所表现的。货币地租表现为佃农租种地主土地而支付给地主一定数额的货币，是随着农村商品经济的发展而产生的，主要集中在一些城市的附近和较发达地区的农村，但即使在商品经济较发达的20世纪30年代，货币地租也从来没有成为地租的主要形态。在货币地租形态下，农民的生产经营活动更为自由，封建依附关系也逐渐向契约关系转变，促进了农业产品的商品化，有利于商品经济的发展，地主收取的地租不再表现为劳动或劳动产品的自然形态，而表现为劳动产品转化的货币形态，“直接生产者不是把产品，而是把产品的价格付给他的土地所有者”②。在三种地租形态中之所以实物地租居于主体地位，是由社会经济结构决定的，在旧中国半殖民地半封建社会下，生产力低下，农民生活困苦，商品经济很不发达，虽然货币地租有了一些资本主义特征，但本质上还是封建地租，劳役地租、实物地租和货币地租都是封建地租，反映了封建生产关系，虽然它们与封建生产关系演变的过程相对应，反映了封建社会不同阶段的特征，但是都改

① 马克思．资本论（第3卷）［M］．北京：人民出版社，1975：889－890.

② 马克思．资本论（第3卷）［M］．北京：人民出版社，1975：898－899.

变不了其封建本质。

封建土地所有权与经营权相分离，租地农民向地主支付地租，是与封建生产关系相适应的，同时，地租的量也同地租的性质一样，反映了封建剥削关系。地租量同其他农村经济现象一样，存在着较大的地区差异。一般来讲，北方地区的地租率高于南方地区，下等地高于中等地，中等地高于上等地，地租率与土地等级相背离，农业地租根本就不是现代意义上的地租即资本主义地租，地主向农民征收的地租大都是绝对地租，并没有因为土地等级差异而引起级差地租。学者们的看法也不一致，高王陵认为地租大约为30%～40%；陈正谟认为若地主提供生产资料则地租率为55.96%，若佃农自己提供生产资料则地租率为46.37%；温铁军认为全国地租率一般在35%～45%。虽然调查研究的结果存在差异，但都表明封建地租率是很高的，地主不仅占有农民的剩余劳动，还占有一部分农民的必要劳动，其性质是封建主义剥削关系。

旧中国的政治经济环境非常复杂，致使农民除了受封建土地制度所导致的高地租的剥削以外，还受到多方面上层建筑即政治制度带来的多重剥削，使农民生活极端困苦。新中国成立以前我国的人地关系比较紧张，且很久没有实行过类似于休养生息性质的经济政策，而农业税或田赋几乎没有下调过，反而呈现出逐年增加的趋势，并且在很多地区实行预征的方式，有的地方预征期超出人们的想象，简直让人无法承受。同时，各种苛捐杂税更是经常大幅度增加，如在国民党统治时期，居然有1700余个名目，各种赋税繁重的主要原因在于军费开支过大，这与中国当时的政治环境有关，从而导致各种制度缺乏约束，不管在哪个势力范围，当权者都任意盘剥人民。

第三节 土地改革时期的农地两权关系

在封建土地所有权私有制下，农民身受多重压迫，生活极端困苦，农民内心对地权的呼喊从来没有停止过，代表中国无产阶级利益的中国共产党从来都十分注重农民的土地问题，在不同的历史时期实行了不同的土地政策，一方面反映了中国共产党对农民和土地问题认识的不断成熟，另一方面也是因时制宜，因为不同的历史阶段主要矛盾及现实情况都存在差异。在第一次国内革命战争期间，进行减租减息、打土豪、分田地；在第二次革命战争期间，在革命根据地进行土地改革，没收地主土地，平分给农民；在抗日战争期间，将没收地主土地改为减租减息；在第三次革命战争时期，又将减租减息改为没收地主土地平分给农民。经过新中国成立后的分批、分阶段的全国范围的土地改革，共没收了7亿亩土地，分配给了3亿无地和少地的农民，最大范围地实现了耕地农有，消除了残酷的封建剥削。

一、土地改革后的农地所有权

表2－9和图2－2是1954年对全国23个省和自治区包括1.5万户农民的家庭调查，结果显示全国农地分配相对平均。

表2－9　1954年各阶级土地占有情况①

	地主	富农	中农	贫雇农
人口比重（%）	2.6	5.3	39.9	52.2
耕地比重（%）	2.2	6.4	44.3	47.1
人均土地（公顷）	0.168	0.25	0.245	0.195

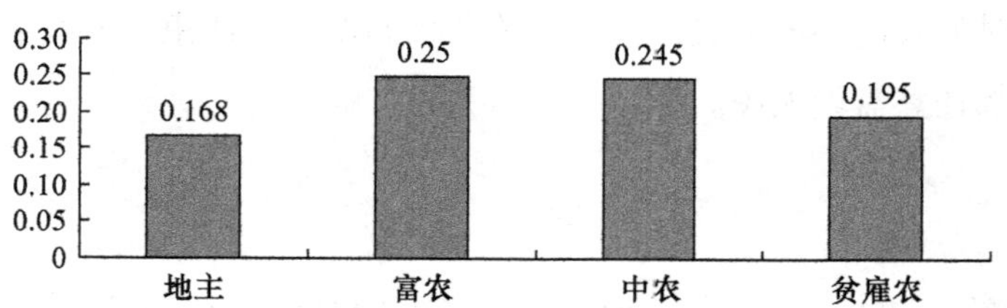

图2－2　1954年各阶级土地占有情况（公顷）

① 廖洪乐．中国农村土地制度六十年——回顾与展望［M］．北京：中国财政经济出版社，2008：38.

土地改革前后，农村土地占有情况形成强烈反差，虽然土地改革前的土地占有情况、土地改革的具体过程都存在着地区差异，但土地改革后的结果是一样的，基本实现了土地的平均分配。富农和中农人均土地稍高，但差距很小，与我国的土地改革路线相一致，图 2－3 至图 2－5[①] 是根据中南、西南、华东三大区域土地改革前后的农村人均土地占有情况的数据绘制而成，与前面的全国总体数据相比，显示出土地改革的结果在全国各地区都是一样的，取得了全面的胜利，彻底摧毁了封建土地私有制，形成了较平均的土地分配，形成了几千年来土地占有问题上最大的公平性。

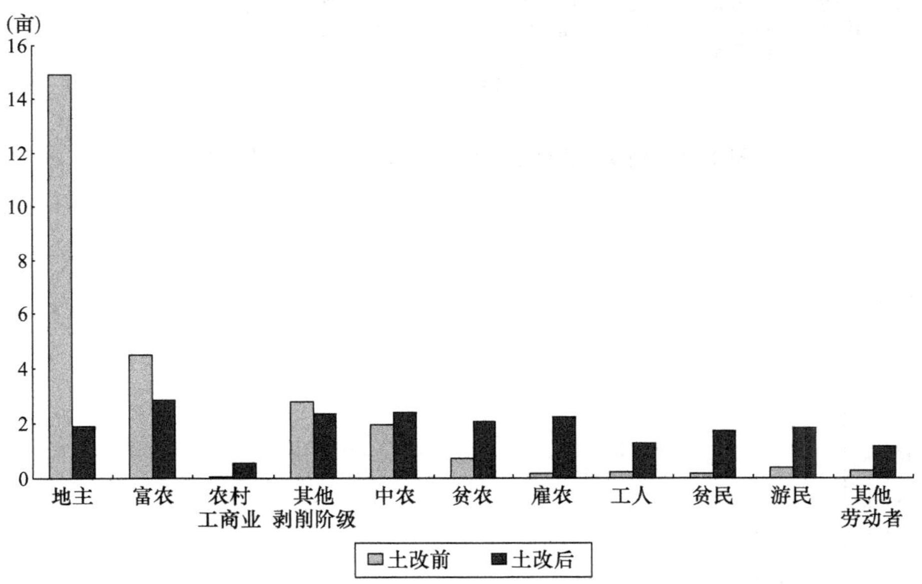

图 2－3　中南区土地改革前后各阶级人均土地占有情况

① 何东，清庆瑞. 中国共产党土地改革史［M］. 北京：中国国际广播出版社，1993：400－403.

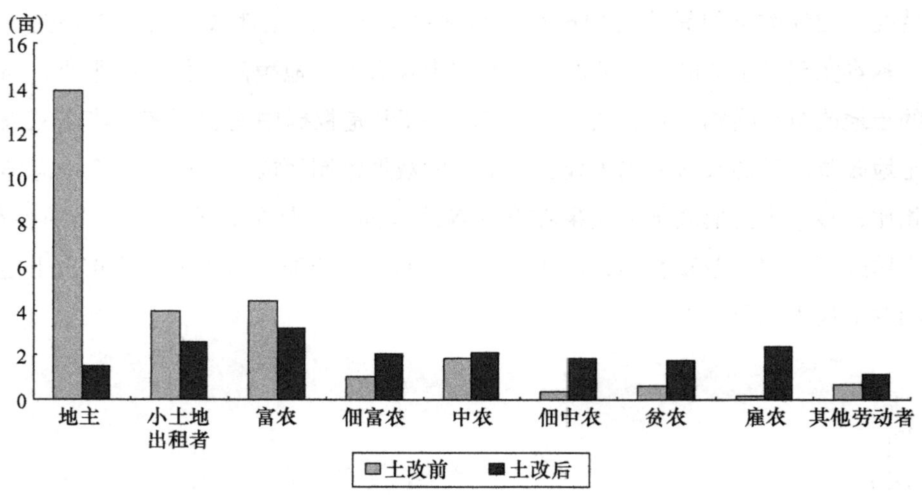

图 2－4　西南区土地改革前后各阶级人均土地占有情况

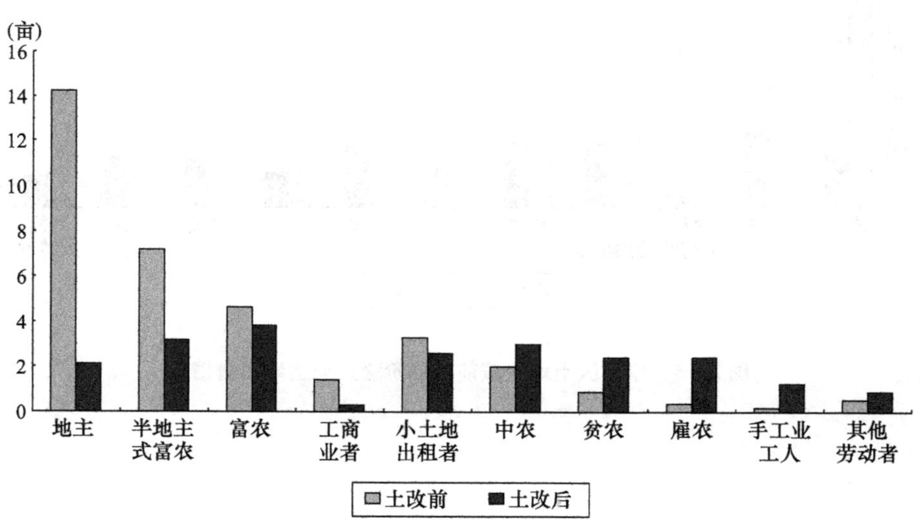

图 2－5　华东区土地改革前后人均土地占有情况

二、农地两权关系：统一

中国共产党领导的土地改革总体上是通过革命斗争即阶级斗争的方式取得胜利的[①]，强制、无偿地没收地主、富农的土地，无偿地平均分配给农民，这与中国当时的社会经济条件、阶级矛盾、革命目的等都是相适应的。有些国家和地区通过和平赎买的方式进行土地改革，如中国台湾地区、日本、韩国等，通过有偿赎买的方式将地主多余的土地分给无地或少地的农民。两种土地改革的方式不同，但在特定的历史时期，都取得了良好的效果。政府进行和平赎买的土地改革，必须要求政府具有权威性及足够的财力，而中国共产党在根据地的临时政府并不具备这样的条件，新中国成立后的中央人民政府虽具有权威性，但财力也极其有限，根据我国的阶级矛盾情况，我们只能采取阶级斗争这种革命的方式进行土地革命，并且只有在正确路线的指导下才能取得土地革命的胜利。[②]

1952 年，土地改革基本结束，学者们对于土地改革的必要性都进行了深入的探讨，也得出过不同的结论，但不管其政治、经济意义究竟如何，从所有制角度来讲，当时依然是土地私有制。当然这和从前的土地私有制存在本质区别，它打破了地主土地所有制和封建租佃关系，使农民都成了自耕农，除收归国有和县、乡预留的之外，绝大部分农地平均分配给农民，归农民私有。农民可以对自己所拥有的土地进行自由处置，农民拥有完全意义上的土地所有权。除土地外，农民还拥有其他生产资料的所有权，当然也拥有劳动产品的支配权，实现了劳动者与生产资料的直接结合，极大地促进了农民的生产积极性，促进了个体经济的发展。正如马克思所指出："只有在劳动者是自己使用的劳动力条件的自由私有者，农民是自己耕种的土地的自由私有者，手工业者是自己运用自如的工具的自由私有者的地方，它才得以充分发展，才显示出它的全部力量，才获得适当的典

---

① 从整个历史发展过程来上，总体上是革命斗争的方式，但在有些历史阶段也采取了赎买等一些和平改良的改革方式。

② 廖洪乐．中国农村土地制度六十年——回顾与展望［M］．北京：中国财政经济出版社，2008：36－37.

型的形式。”①

所有权本身这个概念从物权产生之初就是一个私权的概念，② 正如我国台湾民法学泰斗王泽鉴先生所言：民法上的所有权，系以物为客体，指私的所有权而言。个人所有权是纯正的所有权，则是在所有观念产生伊始，由国家通过法律认可从而产生的权利，我们现代民法中的所有权理论都是在个人所有权的基础上产生的。土地改革后中国农地的土地所有权是典型的私权，农民对土地具有完全意义的所有权，可以买卖、交易。1947 年颁布的《中国土地法大纲》第十一条规定：分配给人民的土地，由政府发给土地所有证，并承认其自由经营、买卖及在特定条件下出租的权利。土地制度改革以前的土地契约及债约，一律缴销。1950 年 6 月颁布的《中华人民共和国土地改革法》第三十条规定：“土地改革完成后，由人民政府发给土地所有证，并承认一切土地所有者自由经营、买卖及出租其土地的权利。土地制度改革以前的土地契约，一律作废。”在这两部法律中，我们可以看到在当时特定的背景下，我国农地实施的是个人所有制，这时的个人所有是真正的完全意义上的所有。

土地改革后，农地两权统一，农地的经营方式主要是细碎化的、分散的经营方式，是典型的小农经济，农民经营自己的那一小块土地，产品归自己所有。一方面，农民挣脱了封建剥削的枷锁，大大提高了农民的生产积极性，农村生产力显著提高，人民生活得到普遍改善；另一方面，小农经济自给自足，社会化程度明显不足，农民终于拥有了自己的土地，不再向地主交租，只要能从土地上获取的生活资料，就尽量自己耕种，不去市场上买，致使大多数农户土地上的作物种类繁多，极其细碎化，形成生产资料和劳动力的浪费。正如马克思在提到小农经济时所指出的：“小块土地所有制，按它的性质来说，本来就排斥着劳动社会生产力的发展、劳动的社会形式、资本的社会集中、大规模的畜牧和科学的累进的应用。”“对这个生产方式来说，好的年成也是一种不幸。”③

土地改革后，农地经营方式除了居于主导地位的两权统一的经营方式外，并没有消除之前就存在的农地所有权与使用权的“两权分离”的经营方式，主要

① 马克思恩格斯全集（第 23 卷）［M］．北京：人民出版社，1972：880.

② 由于所有权是物权的核心概念，所以物权所具有的特性所有权是当然具有的。

③ 马克思．资本论［M］．北京：人民出版社，1975：944.

指土地改革后的土地买卖与租佃经营。虽然在 1949 年中华人民共和国成立之初颁布的宪法中规定："任何组织或者个人不得侵占、买卖、出租或者以其他形式非法转让土地。"但 1950 年的《中华人民共和国土地改革法》却是允许土地可以买卖、交易的。土地改革后，农村土地的买卖与租佃开始增加，并且有的地区呈现出不断增加的趋势，与此同时，中国农村阶级状况也发生了一定的变化，产生了中农化的趋势，出现了新富农和相应的雇佣劳动。农户出租土地的原因主要有两种：一种是因为缺少生产资料或劳动力出租土地，出于这种原因出租土地的农户较多，占总数的 2/3；另一种是因为地多而出租土地的占 1/3，主要以中农为主。而租入土地的阶级为中农、贫农、富农及其他各占 1/3 左右。小农经济是自给自足的经济，租佃经营并不是主要的经营方式，因此当时中国农村土地的两权分离并没有占主体地位。

第四节　集体化时期的农地两权关系

农业互助在中国农业生产中具有传统性，农业合作化运动之前，中国共产党在农村曾开展过很多的农业互助运动，其形式上主要以劳动互助为主，主要目的是为了解决生产资料和劳动力短缺的问题。这些互助合作是在承认农户土地私有权的基础上展开的，在通过劳动互助对土地耕种的具体过程中，发生一定的所有权与具体使用权的分离，但很不完全，只发生在具体的生产过程，农民依然拥有自己所有的土地上生产出来的劳动果实的完全占有权，并且农民可以对自己的土地任意处置。

此外，新中国成立前中国共产党在农业集体经济上也进行了勇敢的尝试，从土地革命时期起，在少数地区零星出现了一些带有集体经济色彩的合作社或组织，进行土地与生产资料的统一管理与利用，按一定方式进行分红，形式多种多样，但实质上都是发展农业集体经济的积极探索。有些也取得了很好的成绩，生产力大大提高，但由于农业合作社与农民的互助合作习惯差异较大，其本身也不成熟，出现了这样和那样的问题，加上斗争的复杂性，缺少必要的政治、思想、经济上的基础，这些农业合作经济大都夭折了。而中国领导人认为集体经济是社会主义阶段的经济形式，中国的新民主主义革命中不适合搞集体经济，同时，由于这种经济形式为数极少，没有引起中国共产党领导人的注意，因此也没有在全国进行推广。

一、新中国成立后中国农村集体化运动产生的原因

全国土地改革结束以后，中国掀起了一场轰轰烈烈的集体化运动，影响深远，褒贬不一，但却是中国的历史选择，这与当时中国复杂的政治经济环境、农业生产力水平、土地改革后出现的一些新问题等各种因素有关。

（一）过渡时期的总路线与工业化战略

毛泽东在1940年《新民主主义论》中就提出了建设新民主主义社会的构想，中国革命必须分两步走，先建立新民主主义社会，再过渡到社会主义社会，在这个过渡阶段应以经济建设为中心，实现农业国向工业国的转变。在《新民主主义论》中提出了建设新民主主义社会的政治纲领、经济纲领和文化纲领。包括后来的《论联合政府》、《中国人民解放军宣言》、《目前我们的形势和任务》、中共七届二中全会报告和《论人民民主专政》等文章中都从不同的角度重申了新中国的设想。1949年9月全国政协全体通过了《共同纲领》，具有临时宪法的性质，是中国共产党的建国纲领，规定了新中国的新民主主义性质。新中国成立以后，中国领导人对中国国情和发展阶段产生了不同的认识，对诸多问题有不同的看法，形成了不同的国家经济发展的思路，一种是毛泽东的社会主义理论和路线，另一种是刘少奇所坚持的新民主主义路线，但最后还是同意了毛泽东的意见。其实毛泽东的建国构想中本来就规定了新中国的新民主主义性质，提出要经过相当长的历史时期才能过渡到社会主义社会，“在国家经济事业和文化事业大为兴盛以后，在各种条件具备了以后，在全国人民考虑成熟并在大家同意了以后，就可以从容地和妥善地走进社会主义的新时期。”① 在1952年以前，中国领导人在如何向社会主义过渡的问题上是一致的，即需要一个相当长的时期，生产力得到大

① 新中国成立以来重要文献选编（第1册）［M］. 北京：中央文献出版社，1992：260.

幅度发展，工业化进程发展到一定阶段后，时机成熟才向社会主义过渡。1952年以后，毛泽东开始对社会主义过渡提出新的判断，提出“现在就开始”社会主义过渡、消灭资本主义、“过渡时期的步骤是走向社会主义”等，中国经济发展战略出现了重大转移。1953年以后，毛泽东逐渐明确这种提法，不再认为新民主主义社会向社会主义社会过渡需要经过一个相当长的稳定期，国庆节前提出了过渡时期的总路线和总任务，12月在《为动员一切力量把我国建设成为一个伟大的社会主义国家而斗争——关于党在过渡时期总路线的学习和宣传提纲》中作了新的表述：“从中华人民共和国成立，到社会主义改造基本完成，这是一个过渡时期。党在这个过渡时期的总路线和总任务，是要在一个相当长的时期内，逐步实现国家的社会主义工业化，并逐步实现国家对农业、对手工业和对资本主义工商业的社会主义改造。这条总路线是照耀我们各项工作的灯塔，各项工作离开它，就要犯右倾或‘左’倾的错误。”① 这都说明毛泽东对新民主主义理论作了重大修正，1954年中国共产党的七届四中全会通过决议，批准了这一路线。这条路线规定了我国生产资料所有制要实现社会主义所有制，这是我国唯一的经济基础，同时，工业化和社会主义改造同时进行，即社会主义建设和社会主义革命同时并举。总路线的提出，起到了促进生产力发展的作用，因为其特别注意了生产关系促进生产力发展的作用，但却有一定的片面性，没有注重生产力对生产关系的决定作用，从而出现了“左”倾错误的苗头。

对于工业化的选择除了社会主义建设这样一个原因以外，还有复杂的政治原因，就是在新中国成立之初的相当长一段时期，都面临着复杂的国际环境，边境的诸多战争，需要新中国具备一定的国防力量。而国防力量的强大均来自工业，西方国家对我国进行经济封锁，我们只能在苏联帮助的基础上，大力发展自己的工业，特别是与军事相关的重工业。在接受苏联的经济援助的同时，我们只能采用苏联的生产图纸、技术和生产线，生产的产品不能进入西方市场，只能国内计划分配，这样，就产生了一个结果，在发展国家工业的同时，选择了计划配置。而这种工业化是苏联的翻版，这是与苏联的集体农业相适应的，但与我国的小农经济产生

---

① 新中国成立以来重要文献选编（第4册）［M］．北京：中央文献出版社，1993：700－701.

了矛盾，在不能改变工业化道路的前提下，只能让农业来适应工业的发展。①

（二）经典作家思想的影响和苏联榜样的作用

生产资料私有制的社会主义改造是无产阶级伟大的历史使命，在《共产党宣言》中，马克思和恩格斯指出，在取得无产阶级革命胜利以后，“将利用自己的政治统治，一步一步地夺取资产阶级的全部资本，把一切生产工具集中在国家即组织成为统治阶级的无产阶级手里，并且尽可能快地增加生产力的总量。”② 当然，这里指的是经过资本主义社会，在生产力极其发达的情况下改造生产资料私有制，建立社会主义生产资料公有制的情况。所以马克思和恩格斯设想社会主义革命应首先在欧洲资本主义发达国家产生，在这些国家中，农业和工业一样都实现了高度社会化，农业工人靠出卖自己的劳动力生活，农业和工业社会化的结果就是走向生产资料归社会所有。而在法国、德国这些不同于英国发达的资本主义国家中，工业很发达，达到了资本主义国家的水平，而农业中存在大量的小农经济，并没有实现农业的社会经营，这样就应采用集体所有制来变革生产资料私有制，“一开始就应当促进土地私有制向集体所有制的过渡，让农民自己通过经济的道路来实现这种过渡。”③ 而在这个过渡问题上，不能强制农民，也不能立即废除农民土地私有制，恩格斯指出这种过渡的经济道路就是合作化，在尊重小农愿望的前提下，坚持自愿的原则，在正确方针的指引下，通过示范作用，在国家的教育和帮助下，引导小农经济向合作经济转变，这种合作经济只是向社会主义过渡的一种经济形式。但是实践中，却是东方一些落后国家先取得了社会主义革命的胜利，在这些国家中，既没有高度发达的工业和农业，农业中还以小农经济为主，俄国十月革命和新中国成立之初，现代产业比例都极低。列宁在苏联实践合作化的过程中，对合作理论进行了实践，在战时共产主义阶段，实行了农业公社、农业劳动组合和共耕制等合作形式；在新经济政策时期，列宁修正了以前农业合作过程中的错误，逐渐将共耕制转变为合作社，并在《论合作制》中，论述了合作制是向社会主义过渡的基本道路和方法。在具体实施的过程中，坚持不强迫、尊重农民利益为原则，要发展商品经济，发展多种形式的合作社，指出合

---

① 温铁军．“三农”问题与制度变迁［M］．北京：中国经济出版社，2009：160－165.

② 马克思恩格斯选集（第1卷）［M］．北京：人民出版社，1972：272.

③ 马克思恩格斯选集（第2卷）［M］．北京：人民出版社，1972：635.

作社是具有社会主义性质的。斯大林在领导社会主义改造时，逐步用自己的集体化理论代替列宁的合作制理论，大规模建设社会主义集体农庄，开始了全盘集体化运动。经过曲折艰难的过程，苏联终于完成了农业的集体化。①

从20世纪30年代中期开始，国内就产生了学习苏联农业集体化经验的呼声，并形成了一系列介绍和学习苏联经验的文章和书籍，如戈公振的《谷城》（1934）（《从东北到庶（苏）联》）、任君的《苏联的农业改造》（1938）、张大田《苏联集体农场法》（1944）等，都让人们了解了苏联的做法。中国共产党在探索中国革命的斗争中，通过与各种错误做斗争，信仰和发展马克思主义，而苏联是践行马克思主义的伟大先驱，又由于新中国成立初期特殊的经济、政治环境，使我们党的领导人不得不靠学习苏联的模式来发展自己。

（三）生产力发展的客观要求

土地改革给中国农业生产关系带来了巨大的变化，三年恢复时期中国农业生产取得了巨大的成绩，但农业生产力依旧十分落后。长期的封建主义的掠夺、帝国主义的侵略、战乱的影响，都对中国生产力形成了巨大的破坏，新中国就是在这样的基础上建立起来的，三年经济恢复时期生产力的发展，在整个历史长河中显得微不足道。同时，全国土地改革全面胜利以后，无地和少地的农民拥有了自己的土地，也分得了一部分生产资料，促进了农民生产积极性的发挥，但这种全面的平均分配，使原本就不足的生产资料更为分散化，相当多的农户面临着生产工具、耕畜不足的状况，严重影响了农业生产。1952年陕西省长安县高家湾村的调查结果显示，土地改革完成以后，全村共有167户农户（8户雇农、107户贫农、52户中农），其中有耕畜和无耕畜的农户各占总户数的50%，无耕畜的84农户阶级分布：雇农8户，占雇农总户数的100%；贫农71户，占贫农总户数的66.36%；中农5户，占中农总户数的9.62%。② 由于长期战争的影响，有的农户家庭劳动力不足，没有能力完成耕种其土地的劳动力。即土地改革以后，生产资料和劳动力的不足现象依然存在，同时，为了避免由于缺少劳动力和生活、生产困难等原因，导致有些农户不得不卖出自己的土地，从而产生阶级进一

① 邢乐勤．20世纪50年代中国农业合作化运动研究［M］．杭州：浙江大学出版社，2003：23－40.

② 习仲勋．关于西北地区农业互助合作运动．史敬棠等主编．中国农业合作化运动史料［M］．北京：中共党史出版社，1992：61.

步分化的危险，都需要开展农业互助合作解决这些问题。

新中国成立以后，面对农业生产工具和生产技术的落后情况，中国共产党开展了一系列推广农业科技、发展农业生产的活动。1950 年农业部制定了《五年良种普及计划草案》，之后又发布了一系列的政策措施，开展选育种运动，号召搞好示范推广工作。同年，农业部也要求改进农业耕作技术，推广深耕细作、多锄、增肥、选种、浸种等耕作技术，变革传统耕作方法，并且各地也开展了推广新农具的活动，使用新式的犁和铁锹用于农业耕作。1951 年全国开展了爱国丰产运动，奖励劳动模范，推广农业丰产经验。在国民经济恢复时期，党还特别重视水利建设，减轻了水旱灾害，支持了农业生产。这一时期的政策措施，极大地促进了农业生产，使农业土地生产力极大提高，但无论是推广技术、工具，还是兴修水利，小农经济的生产方式都是与之不相适应的，越来越新的农具和农业技术需要互助合作来完成，有的农户对新农具和新技术接受能力较弱，有些农具和技术就是要在一定分工的基础上才能完成，而水利建设更是需要集体协作、统一调配，这样，小农经济的生产方式就不适应新生产力的发展要求了。

（四）小农生产方式的弊端及其与粮食供给的矛盾

小农生产方式是一种自给自足的生产方式，不利于商品经济的发展，不利于社会分工，一定时期内不适于生产力的发展。“小农人数众多，他们的生活条件相同，但是彼此间并没有发生多种多样的关系。他们的生产方式不是使他们互相交往，而是使他们互相隔离……他们进行生产的地盘，即小块土地，不容许他在耕作时进行任何分工，应用任何科学，因而也就没有任何多种多样的发展，没有任何不同的才能，没有任何丰富的社会关系。每一个农户差不多都是自给自足的，都是直接生产自己的大部分消费品，因而他们取得生活资料多半是靠与自然交换，而不是靠与社会交往。一小块土地，一个农民和一个家庭；旁边是另一小块土地，另一个农民和另一个家庭。一批这样的单位就形成一个村子；一批这样的村子就形成一个省。这样，法国国民的广大群众，便是由一些同名数相加而成的，好像一袋马铃薯是由袋中的一个个马铃薯所集成的那样。”① 在这里，马克思很准确地指出了小农生产方式的弊端，而中国农村社会的生产方式就是标准的

① 马克思恩格斯选集（第 1 卷）[M]. 北京：人民出版社，1972：693.

小农生产方式，每户农户都拥有一小块土地，各自耕种自己的土地，收获自己的粮食，自给自足。虽然中国农村传统就有生产互助的习惯，中国共产党在不同的历史时期也组织了形式多样的农业生产互助，但这种互助主要是为了解决生产资料和劳动力的短缺，主要是具体生产过程的互相帮助，即使有分工，也是具体生产过程中极其简单的分工，根本谈不上社会分工，无法克服小农生产方式的弊端。1955 年国家统计局对全国二十五个省的 1.6 万多农户的调查结果显示，1954 年全国农户生产的粮食的商品率只有 25.7%，其中贫农粮食的商品率为 22.1%，中农粮食的商品率为 25.1%，富农粮食的商品率为 48.1%，[①] 这些数据说明了两个问题：第一，我国农村粮食商品率低，农业商品经济不发达，社会分工极其简单；第二，有可能出现两极分化与土地兼并，回归封建土地私有制。要避免小农经济的弊端，促进农业社会化分工，促进农产品的商品化发展，同时也为了避免回归土地占有的不公平，开展互助合作就显得很重要了。

土地改革后，中国面临着小农经济生产方式与粮食供给、粮食流通的矛盾。土地改革后，中国农民免除了封建地租的沉重负担，农业生产力确实得到了提高，粮食产量大量增加。但在粮食生产增加的同时，却出现了粮食供给减少的现象，出现了城市粮食供给的短缺。1952 年粮食收购增加 11.6%，而粮食销售增加 44.7%，1953 年中国粮食供求缺口在 80 亿斤以上。[②] 这种粮食供给的短缺，正是由于小农经济的生产方式不利于实现粮食商品化，不利于农业商品经济的发展，小农小户自给自足，不积极进入市场造成的。同时，也由于土地改革后新的粮食流通机制没有形成，而导致了粮食供给的短缺，旧中国的粮食供给主要来自于地主，他们是商品粮集中、规模的供给者，且供给量很大。土地改革后，这种供给机制随之消失，而新的具有大规模生产能力的供给主体和流通主体又没有形成，余粮分散地沉积在农户手中，但他们不卖，而留作防灾或用于交换生产资料，无法形成具有一定规模的供给主体。在粮食供给短缺的情况下，一些地区的粮食市场开始出现混乱。为应对这种情况，中央政府提出了粮食统购统销制度，1953 年 11 月发布了《关于实行粮食的计划收购和计划供应的命令》，12 月开始

① 向德楷，杨崇德．中国农村合作经济［M］．北京：中国财政经济出版社，1992：87.

② 温铁军．我国粮食供求的 5 次波动［J］．科技导报，1999（1）：3－5.

实行。而统购统销的政策是不能独立推行的，作为充当足够供给规模的国家粮食部门要想从高度分散的农户中低价收购粮食是存在一定难度的，政府无法解决这一矛盾，毛泽东在1953年10月曾提出“个体所有制与大量供应是完全冲突的”。从这个角度来看，为了解决中国当时粮食供给和流通问题，必须变革小农经济的生产方式，而对于当时中国的社会政治经济现实来讲，走农业集体化路线成为一种选择。①

（五）土地改革后出现了两极分化的苗头

《中华人民共和国土地改革法》公布以后，全国进行了规模最宏大的土地改革，促进了生产力的发展，同时，也取消了对农村土地出租、买卖的限制，农村土地买卖逐步增加，相应地出现了农村阶级的分化。

据对1952年山西省忻县143个村的调查数据统计，1949年以后，这些村庄有19.5%的农户出卖了土地和房屋，共计8253户，出卖土地39912亩，出卖房屋5162间。据1953年湖北省、湖南省、江西省的典型调查显示，当年有1.29%的农户出卖了土地，卖出的土地占总数的0.22%，且均比上年增加5倍多，有1.61%的农户买入了土地，占土地总数的0.27%，均比上年增加7倍多，有12.52%的农户出租土地，18.69%的农户租入土地。② 出卖土地者多数是贫民，也有一部分中农，出卖土地的原因主要是由于生活困难被迫出卖土地，而土地的买入者主要为中农，也有少数贫农。以上数据显示，土地的买卖和租佃经营使农村的阶级状况发生相应变化，虽然这种变化在土地改革后的初期表现不明显，但也可以看出，中国农村中出现了新富农阶级，并且富农的雇工经营是剥削性质的。辽宁、吉林、黑龙江三省10个典型村的调查统计显示，1953年增加新富农16户，占总户数的0.78%，而表2－10和图2－6所表示的湖南省9个乡的数据统计，也反映了当时中国农村的阶级变化情况。

---

① 温铁军．“三农”问题与制度变迁［M］．北京：中国经济出版社，2009：170－182.

② 苏星．我国农业的社会主义道路［M］．北京：人民出版社，1976：29－31.

表 2－10　湖南省阶级分化情况①

单位：%

阶级＼年份	土改时	1952 年	1953 年	1954 年
贫农	56.73	36.46	28.08	28.28
中农	30.25	50.45	58.96	58.07
富农	3.18	3.46	3.63	3.70

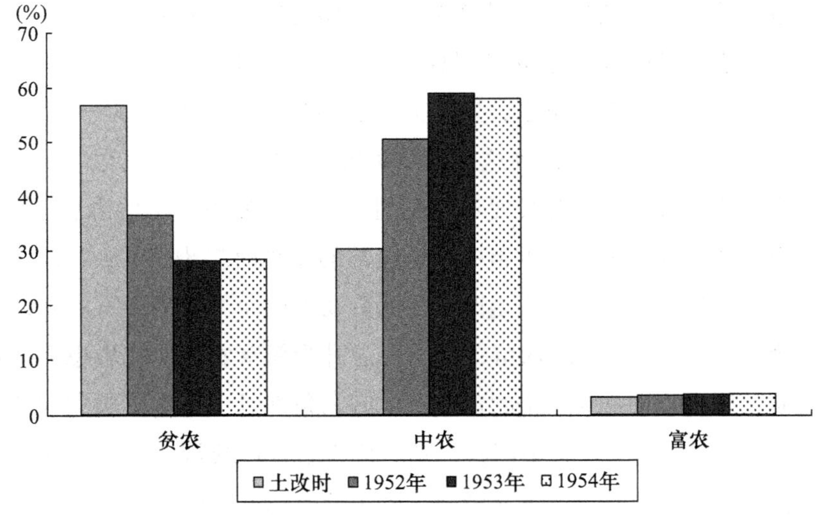

图 2－6　湖南省阶级分化情况

由于新中国成立之初落后的生产力条件，摆在中国共产党人面前的是恢复国民经济问题，因此实施了一系列促进生产的措施，同时鼓励“生产致富”“爱国增产”。新中国成立之初对富农的政策是保护富农经济，政务院于 1951 年 2 月 2 日发布了《关于 1951 年农林生产的决定》，提出了十项经济政策，除了鼓励生产互助外，还明确了对富农经济的政策：“老解放区的地主和旧式富农，以土地改

① 苏星：《我国农业的社会主义道路》，人民出版社 1976 年版，第 31－33 页。调查的湖南省 9 个乡分别为：长沙县（草塘乡、卷塘乡）、湘潭县（清溪乡、长乐乡）、安乡县（蹇家渡乡、竹林乡）、沅陵县（牧马溪乡、蒙福乡、肖家桥乡）。

革以后，服从政府法令，勤于劳动，地主连续五年，富农连续三年以上者，经乡村人民代表大会通过，县人民政府批准，得改变其成分。”“允许富农经济存在，雇佣劳动自由。”[①] 土地改革后，中国的富农已经不是原来意义上的富农，主要指还在使用雇佣劳动的农户，数目也很少。在保留富农经济政策以后，中国共产党对富农经济政策有了一些变化，主要起源于对富农党员的态度问题。富农党员是富农中最有发展潜力和活力的农户，土地改革后，随着经济的发展，农村中出现了中农化趋势，一些共产党员不断扩大生产规模，由于劳动力的不足开始雇佣劳动力，按照确定富农的标准，共产党员中的富农比例确实有所上升。在1951年以前，对富农党员的政策是可以“保留党籍”的：1949年7月，中共中央组织部复东北局组织部电报中指出，发展为富农的党员“暂保留其党籍”，不作处理；1950年1月，刘少奇在谈到这一问题时指出：“我们的党规党法上允许党员单干而且也允许雇人，认为党员便不能剥削，是一种教条主义的思想”[②]；同年，东北局向中央递交综合报告，重申中央组织部的意见时提出：“从原则上讲党员是不允许剥削人的，但党员在土地改革后因劳动生产而上升为新富农者，按中央组织部的规定：‘其党籍暂应保留，但如果上升为新富农后，在思想上退化，在政治上变质，确已失去作为一个共产党员的起码条件时，自应依照党章开除其党籍，以保持党的纯洁性’。”[③] 中国共产党对待富农党员政策，实际上就是对待土地改革后新富农的政策，因为在老解放区的土地改革过程中富农阶级基本已经不存在了，而在新解放区的土地改革过程中，虽然法律规定保护富农经济，但不向富农分配多余的土地，实际上也不存在富农阶级，后期的富农主要是土地改革后新成长起来的新富农阶级。土地改革后，老解放区的新富农占总户数的1%～2%，即新富农比重不大，阶级分化情况也没有构成威胁，并没有发展成为一个重要的问题，同时，通过整党和互助合作，雇佣劳动的现象有所减少。也就是说，经过土地改革，剥削的现象基本消除，而新富农的出现却形成了新的剥削，中国共产党试图通过农业合作化的方式，在一定程度上解决雇佣劳动存在的问

① 中国社会科学院，中央档案馆. 1949～1952中华人民共和国经济档案资料选编（农业卷）［M］. 北京：社会科学文献出版社，1991：39.

② 刘少奇. 论中国经济建设［M］. 北京：中央文献出版社，1993：155.

③ 黄道霞. 新中国成立以来农业合作化史料汇编［M］. 北京：中央党史出版社，1992：25.

题，所以1951年开始了农业合作化运动，同时也改变了对富农经济的政策，1952年开始在农村开始整党运动，6月在《中共中央关于处理农村中富农成分的党员的党籍问题的规定》中，废除了原来对富农党员保留党籍的规定，指出党员不能剥削别人劳动，应积极地参加互助合作运动，并指出了“今后农村发展生产的方向是逐渐走向农业集体化”。阶级分化是小农经济生产方式发展的一个必然结果，特别是在国民经济恢复时期落后的农业生产力的情况下更是如此，这样为了保卫土地改革的胜利果实，为了无产阶级的阶级利益，进行农业互助合作和社会主义农业集体化就成了一个历史的选择。

除了新富农形成了新中国新的剥削之外，还有很多学者都认为当时中国农村出现了中农化的趋势，以上的数据也显示了这一点，贫雇农数量逐渐减少，中农数量逐渐增加。其实中农化是与农村生产力的大发展相联系的，土地改革以后，虽然生产资料等仍然是高度缺乏，但农民生产积极性的提高、战勤的取消、妇女参加劳动及党和国家的各项鼓励生产的政策的出台，经过几年的加速发展，农村生产力得到了大幅度的提高。生产力提高的结果必然会带来农民生活水平的提高、农业生产规模的扩大、农业生产资料的增加、农村土地买卖的增加、贫雇农减少等。中农化趋势的产生还有一个重要的历史和经济基础，中国几千年的封建传统使农民认为土地是最有价值的固定资产，只要有一定的剩余，就会尽量买地。另外，由于当时中国农村的生产技术和生产工具还是落后的，手工式劳动的耕作方式没有现代化的生产工具，所以生产规模只能在一定限度内扩大，并不能形成现代化农场的生产方式。此外，国家对富农经济的限制政策及对个体经济发展的鼓励，也会促进我国农村中农化趋势的产生。中国当时的保护和支持贫下中农经济发展的政策，也符合无产阶级领导的、以工农联盟为基础的人民民主专政政权的要求，国家保护农民土地所有权、制定合理的农业税收政策等也都有助于农村中农化的形成。

虽然国家对富农经济进行了限制，防止出现农村的两极分化，但同时也必须看到当时中国农村确实出现了贫富分化的苗头。中国农村生产力的提高和生活水平的提高，在导致中国农村中农化变化趋势的同时，也有一部分人经济发展得较快，开始买地、雇佣工人、扩大生产规模；同时也有一部分人卖地、出卖劳动力和借债，出现了租种土地的现象，这是生产发展和小农经济不稳定性的必然结果。前文提及的新富农的出现也是这种结果，确实产生了贫富差距，虽然还谈不上形成两极分化，也谈不上出现了土地兼并，但似乎已经出现了两极分化的苗头。这时期的土地租赁与封建关系下的土地租赁完全不同，2/3 是由于生产资料和劳动力缺乏无力耕种土地而出租的，1/3 是中农因土地较多而出租的，实际上是农村土地的一种自然调剂，有助于生产力的发展，但也反映了如果农村互助合作达到一定程度，是可以没有土地租赁的，毕竟土地出租存在地租收入，似乎是剥削所得。同时，由于生产的发展、部分家庭生产的扩大和生活的富裕，农民们的劳动互助开始涣散，认为单干比较好，单干能发财，合作就是为了扶持穷人，甚至有人认为革命已经到头了，出现了一些消极的思想。

综上所述，土地改革后，人们生产积极性得到了很大的发挥，劳动生产率和生活水平得到了很大的提高，随着土地交易及租佃经营的增加，中国农村的阶级状况也发生了一些变化，中农阶级增加和贫农阶级减少产生了新富农阶级，并且逐年增加，他们与中农和贫农不同，是新时期的剥削阶级，剥削雇工的劳动果实。中国农村阶级的分化及当时出现的一些投机、剥削现象，显示出小农经济的经营方式必然会逐步走向农村土地占有的两极分化，这将会重蹈封建土地制度的覆辙。并且小农经济的农地私有化与新中国成立后我国总体发展战略也是不符的，只是过渡时期的一个特殊阶段，必须进行进一步的改革。其中，最核心的问题就是土地的问题，防止出现土地的大量交易，出现土地占有的两极分化，1953 年毛泽东在同中央农村工作部负责人的谈话中提到："现在农民卖地，这不好。法律不禁止，但我们要做工作，阻止农民卖地。办法就是合作社。"

二、集体化时期我国农地两权关系的演变

中国的农业合作化运动经历了农业生产互助组、初级农业生产合作社、高级农业生产合作社三个发展阶段，不同阶段的合作方式不同，与之相对应的农地两权关系也不同。

（一）从互助组到初级社时期，农地两权关系由统一走向了分离

1. 互助组时期的农地两权关系：统一

土地改革后，为了克服农具和劳动力缺乏的困难，中国共产党汲取以前农业

合作的成功经验，继续领导农民进行农业生产互助合作。从 1950 年秋天起，我党在农业合作的道路上进行了探讨，并统一了认识；1951 年，党开始在农村进行社会主义思想政治教育，12 月 15 日，党中央以草案的形式向各级党委发出了《关于农业生产互助合作的决议》（1953 年作为正式决议下发，并做了部分修改），把当时的生产互助归结为三种形式：临时互助、常年互助和以土地入股为特点的农业生产合作社。

农业生产互助组是低级的农业合作化形式，是向社会主义过渡过程中的初级过渡形式，从 1952 年底到 1953 年底，农业生产互助组是我国农业生产合作的最主要形式。农业生产互助组主要是建立在民间传统互助习惯基础上的，参加互助组的农户依然是个体经营，即生产什么由农户自己决定，只在具体劳动过程中进行集体劳动，或共同使用农具和牲畜。农业生产互助组包括临时生产互助组和常年生产互助组。临时生产互助组具有临时性和季节性的特点，一般规模较小，为 3 ~5 户农户，多的达到十几户，全国临时农业生产互助组平均为 6. 2 户农户，参加临时互助组的农户多是亲戚、乡邻等关系，可能田地相连，也可能农具相同，且过去就有互相换工的习惯。临时互助组的集体劳动一般发生在农忙时节，“忙时互助闲时散”，主要是为了克服农业生产中生产资料和劳动力不足的困难。而常年互助组一般成员较为固定，有共同的劳动计划和生产管理制度，规模也较大，全国常年农业生产互助组平均为 8. 1 户农户，组织水平较临时互助组水平高，目的也不单单是为了解决生产中的困难，更是为了发展农业生产，因此，常年互助组不仅吸引缺乏生产资料的农户参加，也吸引了生产资料相对富余的农户参加。在常年互助组中根据组员的特长进行初级分工，在农业生产和农村副业方面均可进行互助合作，且互助组还拥有农具、牲畜、生活用具等一些共同财产。据统计，到 1953 年底全国有 39. 3% 的农户加入了互助组，到 1954 年有 58. 3% 的农户加入了互助组。[①] 农业生产互助组可以解决农业生产中存在的生产资料和劳动力不足的困难，分工协作可以促进农村生产力整体提高，有助于限制富农的增加和避免农村两极分化，在中国历史上起到了重要的作用。

---

① 史敬棠．中国农业合作化运动史料（下册）［M］．北京：生活·读书·新知三联书店，1959：105.

从土地所有权关系上来看，虽然临时互助组和常年互助组有一定的差别，但均是建立在农地个体经营的基础上，即土地仍然归农户私有，生产什么产品由农户决定，每户农户还是收获自己土地上产出的劳动产品，在具体的耕作过程中参与进来其他组员的协作劳动，土地所有权与经营权在土地私有制下是统一的，只在具体劳动过程中有少许分离。从劳动关系上看，相互协作的集体劳动实际上是私人劳动间的等价交换，组员之间只交换劳动或补偿工资，不产生组员之间分配产品的问题，劳动力的所有权和使用权是统一的，这种劳动协作不同于资本主义社会化大生产中的劳动协作，不存在劳动剥削。在互助合作的过程中规定了合理的计量标准，或者计工（工时），或者计工分，或者计件，对于私人的农具和牲畜投入生产时，也折合成相应的工分，人工与畜工换工时也按照相应的标准折合，而对于共同所有的生产资料投入生产时，则不计工分，也没有报酬，可见，在互助组的劳动合作过程中，体现了等价交换、互惠互利。在互助组中，不管是组员劳动的交换，还是生产要素贡献的报酬，都建立在私有经济基础之上等价交换。总之，农业生产互助合作的低级形式——互助组，是建立在小农经济私有制基础上的，生产互助是一种劳动协作，农地所有权与具体的使用权只有极低程度上的分离。

2. 初级社时期的农地两权关系：分离

1953 年国家提出了过渡时期的总路线，逐步实现国家社会主义工业化，并逐步实现对农业、手工业和工商业的社会主义改造，过渡时期总路线更加推动了中国合作化的发展。这一时期党特别重视和提倡农业初级合作社的发展，1953 年 12 月，党中央颁布了《关于发展农业生产合作社的决议》，指出个体经济与社会主义工业化之间存在着矛盾，提出农业生产互助合作应“经过简单的共同劳动的临时互助组和在共同劳动的基础上实行某些分工分业而有某些少量共同财产的常年互助组，到实行土地入股、统一经营而有较多公共财产的农业生产合作社，到实行完全的社会主义的集体农民公有制的更高级的农业生产合作社（集体农庄）。”① 从此，农业生产互助组开始成批地转化为初级农业生产合作社，一

① 中华人民共和国国家农业委员会办公厅．农业集体化重要文件汇编（1949～1957）（上册）［M］．北京：中共中央党校出版社，1981：215.

直到1955年上半年，初级农业生产合作社成为农业合作化最主要的形式，具有“半社会主义性质”。初级社规模较大，一般为30～40户。党中央指出初级农业生产合作社能解决互助组中集体劳动与分散经营的矛盾，能够进行更合理的分工，有利于农业技术的推广与进步，能促进农副业的发展，促进农民劳动和学习的积极性，能限制富农和防止两极分化，有利于计划经营，能够推动农业合作化的进一步发展，起到爱国主义和社会主义的教育作用，是走向完全社会主义农业生产合作社的重要过渡形式。①

一般来讲，初级农业生产合作社的成员应把自己的土地交给社里统一使用，土地根据产量②以股份的形式分得报酬；除土地以外的生产资料也由社里统一使用并分得报酬，这些生产资料（如农具、耕畜等）或者保持私有，社里支付报酬，或者社里折价买入，所有权归集体所有；社员的劳动按照工时或工分计酬。河北省饶阳县耿长锁农业生产合作社章程中规定：“入社各户所有土地，一律统一使用，所有权仍属原主”；“入社各户所有生产工具，一律统一使用，损坏了由社里修理，出社时保证归还。社里所置工具为全社所有”；“牲口为全社所有”；“入社各户必须把自有资金投入社里”③ 初级农业生产合作社生产的总产品，扣除国家税收、银行利息、公积金和公益金、管理费用后，分别以劳动报酬、土地报酬、农具和耕畜报酬的形式全部分给社员。初级农业生产合作社的入社是遵循自愿互利的原则，允许社员退社，社员退社时也可以得到合理的经济利益。

在初级农业生产合作社中，社员土地所有权仍归农户私有，除土地以外的生产资料有些归农户私有，有些归集体所有，在所有制上既有生产资料私有制，又有生产资料公有制，而包括土地在内的全部生产资料的使用权则全部归集体所有。从生产资料所有权关系上看，生产资料所有权与使用权有统一也有分离，而

---

① 此为《关于发展农业生产合作社的决议》中所提出的初级农业生产合作社十条作用的概括。中华人民共和国国家农业委员会办公厅．《农业集体化重要文件汇编（1949～1957）》（上册）．［M］．北京：中共中央党校出版社，1981：217－218.

② 确定土地产量的方法有几种，主要方法是在实际产量的基础上，参考地理位置、肥沃程度、土地质量、耕作的难易程度等确定土地产量。

③ 史敬棠．中国农业合作史料（下册）［M］．北京：生活·读书·新知三联书店，1959：148－150.

由于土地私有，其所有权与经营权是分离的。在具体的劳动过程中，分工协作与互助组相比则更为深入，劳动力所有权归私人所有，劳动力的使用权归集体所有，所有权与使用权分离，这种劳动具有了社会劳动的性质。在初级农业生产合作社中，社员的劳动、土地和其他生产要素的贡献都参与产品分配，是按劳分配与按要素贡献分配相结合的分配方式，体现了公有经济和私有经济的结合。总之，从初级农业生产合作社的所有制情况、生产资料与劳动力的结合方式、产品的分配方式等都可以看出其既具有社会主义性质，又具有私有经济的性质，所以，尽管“半社会主义”是那个历史时期的创造性提法，但确实能够说明初级农业生产合作社的性质和特征。

我党在初级社发展的过程中出现了一些急躁情绪，农民怕生产资料“充公”，出现了破坏农具和滥宰牲畜的现象。在1954年底和1955年初，先后发布了《关于全国第四次互助合作会议的报告》和《关于整顿和巩固农业生产合作社的通知》，要求各地区要打好基础、适当发展，这一时期我国的初级农业生产合作社从总体上讲是健康和成功的，多数学者都肯定了初级社的作用，认为其大大促进了生产力的发展。

（二）高级社和人民公社时期，农地两权关系由分离走向了统一

1. 高级社时期实现了农地两权统一

从小农经济的各家各户单干，到农业生产互助组，再到初级农业生产合作社，农地的经营方式发生了重大的变化。虽然初级社有了一些集体的共有财产，但相对较少，而土地依然保持农户私有，所以，这些组织形式都是建立在私有经济基础上的，并没有改变农村社会的所有制性质。而高级农业生产合作社才是具有“完全社会主义”性质的组织形式，包括土地在内的生产资料全部归集体所有，真正实现按劳动分配。1953年，有些地区基础较好的初级农业生产合作社开始向高级农业生产合作社发展，而大规模发展高级农业生产合作社是从1955年下半年开始的。从1955年3月开始，毛泽东逐渐改变过去对农业生产合作社发展形势的判断，开始批判“右倾机会主义”，认为中国马上会迎来社会主义改造的高潮。在毛泽东的《关于农业合作化问题》的报告中，在党的七届六中全会通过的《关于农业合作化的决议》中，在毛泽东的《中国农村的社会主义高潮》一书中，都批判了“右倾机会主义”，并提出了社会主义高潮的思想。这样，

全国就开展了轰轰烈烈的向高级社过渡，并且发展速度要比毛泽东估计得快得多。图 2－7 与表 2－11 表明了 1950～1956 年间全国农业合作组织的发展情况。

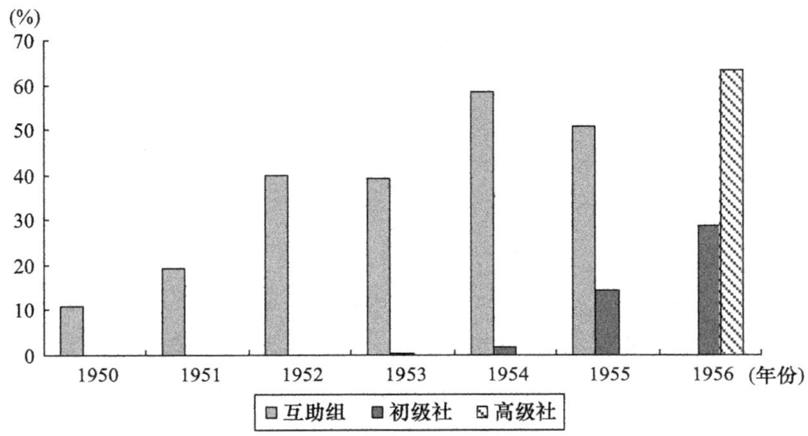

图 2－7　1950～1956 年我国各农业合作组织的农户数占总户数的比例

表 2－11　1950～1956 年全国农业生产互助合作组织发展情况①

年份	农业生产互助组				初级农业生产合作社				高级农业生产合作社			
	组数（个）	户数（户）	平均规模（户/组）	百分比（%）	组数（个）	户数（户）	平均规模（户/社）	百分比（%）	组数（个）	户数（户）	平均规模（户/社）	百分比（%）
1950	2724000	11313000	4.2	10.7	18	187	10.4	—	1	32	32.0	—
1951	4675000	21000000	4.5	19.2	129	1588	12.3	—	1	30	30.0	—
1952	8026000	45364000	5.7	39.9	3634	57189	15.7	0.1	10	1840	184.0	—
1953	7450000	45637000	6.1	39.3	15053	272793	18.1	0.2	15	2059	137.3	—
1954	9931000	68478000	6.9	58.4	114000	2285000	20.0	1.9	200	12000	58.6	—
1955	7147000	60389000	8.4	50.7	633000	16881000	26.7	14.2	500	40000	75.8	—
1956	—	—	—	—	682000	34839000	51.1	28.7	312000	76874000	246.4	63.2

高级农业生产合作社是完全以集体经济为基础的组织形式，土地等生产资料全部归社里集体所有和使用，生产成果按劳分配，高级社的规模很大，一般一个

① 国家统计局农业统计司编．农业合作化和 1955 年农业生产合作社收益分配的统计资料．北京：统计出版社，1957：9－13。表格中的百分比一列表示参加各合作组织的农户占总户数的百分比。

村子为一社，也有的是相连的几个村子成立一个社，规模一般在 200 户以上。《高级农业生产合作社示范章程》中规定："入社的农民必须把私有的土地和耕畜、大型农具等主要生产资料转为合作社集体所有"①，人均土地的 5% 作为自留地归农民所有，一些私有的生活资料和零星的家禽、家畜、小农具等资料也归农民私有。原来归农民私有的土地均以无偿的方式入社，变为社里集体所有，并且取消了土地的报酬。高级社的劳动组织方式是以生产队为基础的集体劳动，生产队采用了四固定的形式：生产队的劳动力是固定的，在分配生产力时考虑了各生产队的劳动力强弱、技术对比和领导骨干等方面的平衡，一经分配好就固定下来，不能随意变动，各劳动力只在本生产队劳动；各队的土地划分是固定的，划分土地时考虑了土地的集中性、土地质量、位置、水田和旱田的比例等方面的平衡；生产工具和耕畜也是固定的，生产工具和耕畜在各队的分配也考虑了数量和质量的均衡；另外，有些高级社还成立了副业队，如林业队、畜牧队等，这些副业队的生产和生产工具也是固定的。高级农业生产合作社对各生产队实行"包产和超产奖励"，各生产队必须保证完成产量，超过产量的给予奖励，达不到产量的进行处罚，后来这种方式也发展成"三包一奖"。劳动产品全部归集体所有，扣除掉生产资料的费用、税收、集体提留的公积金和公益金后，按照每个社员的工分分配给社员。工分的计量大多采用劳动定额、按件计工的方法，基本上符合按劳分配的原则，体现了社员间的劳动差异。高级社是建立在集体所有制基础之上的，社员之间分工协作，劳动产品按劳分配，具有社会主义公有制经济的特征，具有完全意义上的社会主义性质，反映了农村生产关系的重大变革。本来设想高级社的广泛发展可以极大提高生产力，但事实上并非如此，当时为了配合国家的工业化战略，主要考虑生产关系的变革，而对于当时生产力状况的认识不成熟，或没有充分地考虑生产力的决定作用，在生产力极低的情况下，集体劳动只能是简单的劳动协作，没有强大的机械化和工业化的基础，这种集体经济是不稳定的或者说是很勉强的。②

总之，从高级农业生产合作社的特征来看，可以清楚地看到农地所有权关系

① 人民日报，1956－07－01.

② 邢乐勤.20 世纪 50 年代中国农业合作化运动研究［M］. 杭州：浙江大学出版社，2003：141－152.

产生了巨大的变化，农村土地不再归农户私有，而变为归高级社集体所有，这在中国历史上和中国农村历史上都具有转折意义，经营权也归集体所有，这样，农村土地两权关系就变革为集体所有权下的两权统一。

2. 人民公社化时期的农地两权关系

由于当时“左”倾激进主义思想的影响，我们的工作存在着改变速度过快、工作过粗、形式单一等错误，影响了农民生产积极性的发挥。高级社的社员是允许退社的，这样，就很快出现了农户退社的现象，并且在有些地区规模很大。针对出现的问题，党中央也提出过进行整顿和提高的要求，如要适当缩小规模等，但最后都被“反右派”运动所淹没了，之后，由于思想膨胀和“大跃进”运动，中国人民就迎来了轰轰烈烈的人民公社化运动。

1958 年 3 月，中共中央工作会议通过了《关于把小型农业生产合作社适应地合并为大社的意见》，8 月，中央政治局会议通过了《关于在农村建立人民公社的决议》，决议公布以后，在全国范围内掀起了建立人民公社的高潮。毛泽东认为人民公社好，一大二公、政社合一，是向“共产主义过渡的最好的组织形式”，应该把小社合并成大社——人民公社。公社的规模“一般以一乡一社、两千户左右较为合适”，公社所有制“以采用集体所有制为好”。[①] 全国从 1958 年 8 月开始试办人民公社，到 9 月份进入人民公社化的全面高潮，9 月底全国就基本实现了公社化，9 月 29 日，全国公社共有 23384 个，加入公社的农户有 112174651 户，占总户数的 90.4%，公社规模平均为 4797 户/社。10 月 1 日的《人民日报》宣布：“全国基本实现了农村人民公社化”，到 10 月底，全国公社数量增加到 26576 个，99.1% 的农户加入了人民公社，[②] 这样，高级农业合作社就被人民公社所取代了。

人民公社的特点是高度公有化，人们常说的人民公社制度的特征是“一大二公”，其中“一大”是指规模大，“二公”指公有制，由于规模大，生产资料的公有化规模也就更大了，原来各高级社和初级社的土地和生产资料都归人民公社所有，土地不允许出租和买卖。所有土地除分给各农户的自留地以外，全部由集

① 中共中央文献研究室．新中国成立以来重要文献选编（第 11 册）［M］．北京：中央文献出版社，1995：446－450.

② 辛逸．农村人民公社分配制度研究［M］．北京：中共党史出版社，2005：20.

体统一经营和管理。生产的产品全归公社所有，产品分配实行供给制和工资制结合的方式，供给制比例在60%～70%，名为按劳分配，实际上为平均分配，或者如有些学者提出的那样，在当时的历史时期实际上是一种按“需”分配。人民公社实行的制度特征及当时的“一平二调”① 的共产风，严重影响了农民的生产积极性，造成了生产中的巨大浪费。党中央也多次注意到这个问题，并且从1958年底开始纠偏，但由于“左”倾错误影响，并没有起到具有实际意义的效果。1962年2月，中共中央发布了《关于改变农村人民公社基本核算问题的指示》，实行“三级所有，队为基础”，把生产队作为基本经济核算单位，取消了公共食堂和供给制，产品分配主要采取按劳分配的方式。通过这些调整，促进了农村经济的一个新的发展，农村生产出现了转折，之后，“三级所有，队为基础”就稳定下来，一直持续到改革开放之前。

人民公社与高级农业生产合作社在制度上没有太大区别，只是规模上更大了一些，仍然是在集体经济基础上的经济组织。但是高级农业生产合作社的社员是可以退社的，而人民公社的社员是不可以自由退社的，不能退社意味着不再尊重农民的意愿，违背了马克思主义的合作化思想及我党合作化初期所提出的原则。从人民公社的特征上来看，其土地的两权关系与高级社是一样的，依然是集体所有制下的两权统一。

总之，互助组、初级社与高级社是向社会主义过渡过程中不同层次的合作组织形式，是层级递进的关系，中国共产党通过短短几年的合作化运动，就完成了中国农业的社会主义改造。

第五节　改革开放以来我国农地两权关系

人民公社时期的农村土地制度越来越不适合生产力的发展，对生产力形成了巨大的阻碍，其政社合一、高度的公有公用，使得农民对于农业生产经营没有任

① “一平”指贫富拉平，实际为平均分配；“二调”指可以无偿上调生产队的某些财产。

何的自主权，工分计量的不科学，平均主义思想严重，严重影响了农民的生产积极性。况且，农民为了国家工业化的发展付出了长达二十几年的贡献，使得自己的生活非常贫困，农民迫切要求改变现状，为自己的温饱问题寻找出路。建立家庭联产承包责任制度是我国农村制度的重大改革，这一改革对生产力起到了前所未有的促进作用，使我国农业生产力和农民生活水平得到巨大提高。

一、家庭联产承包责任制的产生

家庭联产承包责任制也不是一下子就有的制度，在中国的合作化时期就有过不同形式的探索，几经波折，在十一届三中全会以后，通过国家制度的形式固定下来。

（一）1978 年以前的包产到户

在 1956 ~ 1957 年高级社的整顿时期，就出现了包产到户的生产责任制形式。包产到户的出现主要为了解决窝工浪费、劳动质量差的问题。具有代表性的是浙江省永嘉县，他们的合作社形式是建立个人地段专管责任制，确实提高了劳动生产率，但当时的产量与个人报酬联系得不紧密，产量提高的绝大部分都归集体所有，个人只得到提高量的极小部分，农民对这种报酬方式不满意，要求得到更多报酬。当时实行包产到户的除了浙江省永嘉县以外，还有四川省江津县、广东省中山县、江苏省盐城地区和陕西省城固县、武功县。

围绕包产到户这种责任制形式，曾开展过一系列的辩论。1956 年 4 月 29 日，在题为《生产组和社员都应该“包工包产”》的文章中，提出“把一定产量的任务包给生产组和每个社员，是完全对的”，可以增加社员的生产责任心，又不妨碍集体劳动积极性的发挥，是把两者结合得很好的灵活形式。永嘉县委在读了这篇文章以后受到了巨大鼓舞，在雄溪乡燎原农业社试验“包产到户”，即在原来专管地段的劳动质量责任制基础上，实行产量责任制。由于这种责任制极大地调动了农民的生产积极性，1956 年 9 月，全县开始多点试验这种制度，后来很快就发展为“燎原”之势，两个月内，这一个县就有 300 个社实行了“包产到户”，1957 年夏整个温州区各社社员的 15% 都加入了“包产到户”，浙江省委对这种包产到户也是支持和赞同的。四川、广东、江苏等省的一些地区也都进行了这方面的试验，有的不只包产量，还把农具、种子等分给各农户使用、耕畜轮流喂养和使用，有的实行自负盈亏，有的把鱼塘等副业也包出去。不同地区包产到户在具体形式上虽有差别，但实质都是一样的，多数是把土地按照劳动力平均包给各户，给土地定产，多产奖励，少产赔偿，把家庭经营和社里统一经营结合起来。这种形式由于有直接利益的驱动，社员有了一定的经营自主权，大大提高了劳动生产率，同时，这种包产到户方法简便、责任明确，具有很强的操作性，所以取得了很明显的效果。当然，这一时期的包产到户还存在一些问题，如按劳动力分配土地使人口多而劳动力少的农户家庭生产生活困难，同时，由于当时的农具和耕畜总量少，又出现了劳动力和生产资料缺乏的情况。当时的包产到户主要是为了解决劳动积极性的问题，由于当时中国农村存在大量强制入社的现象，包产到户其实是一种灵活的抵抗形式。除此之外，当时中国农村还出现了直接要求退社的直接抵抗方式，相当数量的农户要求退社、“闹社”，出现了私分粮食、拉牲畜等现象，这也是由于高级社的建立过于急躁、在政策的制定和执行方面都存在较大问题，生产关系不适应生产力的发展情况所形成的一种农民自发的反应。

1957 年开始，针对退社问题，开始了关于合作社优越性问题的大讨论。毛泽东多次强调合作社是有优越性的，与退社问题相联系而出现的粮食统购统销的紧张，许多地主上报较低产量，从而无法保证统购统销的粮食要求。接下来，就出现了农村两条道路的大辩论，而包产到户就作为一个原则性错误加以批判。1956 年出现包产到户这种经营方式以后，一些人就开始关注包产到户是否合适，1956 ~ 1957 年，无论《人民日报》还是各地方报纸都展开了大辩论，有的人认为包产到户是一种退步，影响了集体劳动优越性的发挥，与集体经济产生巨大的矛盾；有的人认为包产到户是家庭经营和集体经营的合理结合，没有妨碍集体劳动优越性的发挥。在当时的历史条件下，许多人都认为分散经营就不是社会主义，没有认识到家庭经营与集体经营的互相补充，因此，不赞成包产到户的人居多数。后来辩论进一步升级，与反右派运动相适应，逐渐把包产到户说成是“右倾机会主义错误”，是走资本主义道路，并加以批判，许多人也因此受到牵连，虽然日后得到平反，但付出的代价是非常大的。

在合作化时期，除了 1956 年出现包产到户外，1959 年因抵制“一大二公”和吃大锅饭问题产生了第二次包产到户，1961 ~ 1962 年由于受“大跃进”和自然灾害的影响，农业生产遭到巨大破坏，农民生活极端困苦，在农村又出现了第三次包产到户，但结果和第一次一样，都受到严重的批判。

虽然前三次勇敢的尝试最后都失败了，三次包产到户在具体操作上也不完善，但可以看出，包产到户是符合广大农民意愿的，农村这种生产关系的调整是由现实生产力状况决定的，并且促进了生产力的发展。

（二）1978 年以后的农村改革

文化大革命结束以后，国民经济已经濒临崩溃，农业生产落后，农民生活困苦。中国农村在长期高度公有公用的制度下，农民没有经营自由权，影响了农民的生产积极性，致使农民生活极其困难，人均口粮在 300 斤以下，有 2.5 亿农村人口吃不饱饭，集体劳动的优势不能得到发挥，1977 年生产队公积金不足 1 万元，[①] 农业也成为整个国民经济的薄弱环节，中国面临着全面改革，农村改革更是首当其冲。

1. 实践的源头

第四次包产到户发源于安徽省。安徽省是一个农业大省，1978 年遭遇到了百年大旱，全省的早稻和中稻减产严重或干脆绝收，晚稻由于干旱也无法插秧。在大旱的基础上又刮了三次干热大风，每次都持续十到二十天，气候极端恶劣，气温达 40 度以上，更加剧了水源的紧张，维持人畜饮用水都十分困难。面对千年一遇的大旱，人们采取了多种措施来抵抗自然灾害，国家和地方都大力投入，但根本问题是粮食问题和土地抛荒问题，若土地全部抛荒，那么第二年的问题则更加严重。面对这种情况，9 月 1 日中共安徽省委召开紧急会议，经过党委们的讨论决定“借地度荒”。“借地度荒”是指把集体无法耕种的土地借给农民耕种，超过计划扩种部分，不计征购；鼓励农民们开荒，开荒所得全部归农民所有。“借地度荒”以后，掀起了农民巨大的生产热情，安徽省当年秋季的耕种面积增加 1000 多亩，劳动质量也大大提高，这对于第二年情况的好转起到了重要的作用。安徽省的包产到户发展迅速，1978 年全省有 1200 个生产队实行了包产到户，1979 年发展为 38000 个生产队，1980 年实行包产到户的生产队占总数的 70%。[②]

① 武力，郑有贵．解决“三农”问题之路［M］．北京：中国经济出版社，2004：602.

② 武力，郑有贵．解决“三农”问题之路［M］．北京：中国经济出版社，2004：609.

同时，四川、贵州、甘肃、河南、内蒙古等地也都以公开或隐蔽的方式发展包产到户。

2. 政策的转变

面对中国农村的困难局面，面对薄弱的农业及其对国民经济的严重制约问题，中国共产党也在思考着变革。邓小平理论是农村改革的理论指导，并且理论也是在实践中不断探索和发展的。在农村整顿时期和“文化大革命”结束初期，他就强调要在生产管理中建立责任制的问题，在党的十一届三中全会前关于真理标准的大讨论为我们建立正确的路线提供了理论基础，十一届三中全会通过了《关于加快农业发展的决定》（以下简称《决定》），以生产责任制为突破口，开始农村集体经济的统一经营，《决定》指出“可以按定额记工分，可以按时记工分加评议，也可以在生产队统一核算和分配的前提下，包工到作业组，联系产量计算劳动报酬，实行超产奖励”，但“不许包产到户，不许分田单干”，[①] 既肯定了责任制的积极性，又不同意包产到户，这种认识与当时“农业学大寨”高潮的时代背景有关，同时宪法并没有改变人民公社制度[②]，所以也不能违法。这一时期社会上也对刚刚兴起的第四次包产到户产生质疑，要求纠正错误，再次把包产到户变为方向之争、道路之争。而邓小平对时任安徽省委第一书记万里同志的想法和做法都采取了支持的态度，1980 年 5 月，邓小平在一次谈话中指出：“有的同志担心，这样搞会不会影响集体经济。我看这种担心是不必要的。我们总的方向是发展集体经济。实行包产到户的地方，经济的主体现在还是生产队。这些地方将来会怎样呢？可以肯定，只要生产发展了，农村的社会分工和商品经济发展了，低水平的集体化就会发展到高水平的集体化，集体经济不巩固的也会巩固起来。关键是发展生产力，要在这方面为集体化的进一步发展创造条件。”[③] 邓小平的这次谈话很明确地支持了包产到户，也指出了包产到户与集体经济的关系，为日后的中央文件做了准备。1980 年在中共中央《关于进一步加强和完善

---

① 邓小平文选（第 2 卷）［M］. 北京：人民出版社，1994：150.

② 《中华人民共和国宪法》（1978 年 3 月 5 日中华人民共和国第五届全国人民代表大会第一次会议通过）规定：“农村人民公社经济是社会主义劳动群众集体所有制经济，现在一般实行公社、生产大队、生产队三级所有，而以生产队为基本核算单位。生产大队在条件成熟的时候，可以向大队为基本核算单位过渡。”

③ 邓小平文选（第 2 卷）［M］. 北京：人民出版社，1994：315－316.

农业生产责任制的几个问题》中，规定边远山区和贫困落后地区可以实行包产到户和包干到户。文件受到群众的欢迎，由于包产到户已经是大势所趋，人民群众广为支持，又由于贫困地区标准难以界定，这样，包产到户在全国就开始加速发展起来。1982 年 1 月在中共中央批转的《全国农村工作会议纪要》中终于明确了包产到户、包干到户的社会主义性质，确立了农业家庭联产承包责任制。1983 年 1 月中共中央发布了《当前农村经济政策的若干问题》，赞扬了农民的这种伟大创造，明确承认了包产到户和包干到户是集体经济的一个经营层次。1984 年党中央 1 号文件把土地承包期由原定的 3 年改为 15 年，具有了长期效应。中国农村土地经营方式的改革经过了包产到组的生产责任制、包产到户的生产责任制、包干到户三个阶段，最后确立了家庭联产承包责任制。在最初的包产到组、包工到组的生产责任制和包产到户的生产责任制下，从其经营方式和分配方式上可以看出，生产经营的主体是集体，虽然农民收入和集体收入息息相关，但分配还是集体按照工分进行分配；而在包干到户责任制下，家庭是独立的经济行为主体，具有生产经营自主权，劳动成果只要“交够国家的，留足集体的，剩下全是自己的”。家庭成为农村经济的主体，从而导致了人民公社制度的破产，1983 年 10 月，中共中央和国务院发布了《关于实行政社分开建立乡政府的通知》，政社分开从 1983 年开始到 1985 年基本完成，人民公社制度彻底结束。

二、政策发展与实践变革

（一）政策发展

1. 法律和政策的进一步保障

1984 年中央一号文件把承包期延长为 15 年，确定了“大稳定、小调整”的原则，稳定家庭联产承包责任制，若承包期从 1978 年算起，那么到 1993 年则 15 年承包期满。1993 年 11 月，中共中央决定将承包期再延长至 30 年，与此同时实行了“增人不增地，减人不减地”，进一步稳定了这种制度，使农民对土地的使用权长期稳定下来。1998 年党的十五届三中全会，把家庭联产承包责任制改为更为准确的家庭承包制。20 世纪 80 年代中国改革的突破口在农村，农村改革的核心在于土地制度的改革，在土地制度改革的同时，中国各项法律和制度的改革也都进一步地影响和促进着中国农地制度改革，从而带来实践上的多角度尝试。

1988 年 4 月 12 日第七届全国人民代表大会第一次会议通过了《中华人民共和国宪法修正案》，修改了两项内容：一项是保护私营经济的发展，另一项是允许转让土地使用权，由“任何组织或者个人不得侵占、买卖、出租或者以其他形式非法转让土地”修改为：“任何组织或个人不得侵占、买卖或者以其他形式非法转让土地。土地的使用权的应用可以依照法律的规定转让。”意味着土地使用权的应用可以更加灵活，承包者的经营自主权进一步扩大，农民除了不能买卖土地外，拥有了完全意义上的土地使用权，收益权和处分权也更多地与使用权联系在一起，归农民所有。

中华人民共和国第九届全国人民代表大会第二次会议于 1999 年 3 月 15 日通过了《中华人民共和国宪法修正案》，指出“农村集体经济组织实行家庭承包经营为基础、统分结合的双层经营体制”。指出了家庭承包制是农村的基本经营体制，把农村家庭承包制写入了根本大法。

2002 年 8 月 29 日，九届全国人大常委会第 29 次会议通过的《中华人民共和国农村土地承包法》总则第一条指出：“稳定和完善以家庭承包经营为基础、统分结合的双层经营体制，赋予农民长期而有保障的土地使用权，维护农村土地承包当事人合法权益，促进农业、农村经济发展和农村社会稳定，根据宪法，制定本法。”明确指出了家庭承包制是农村基本经营体制，并且要长期稳定，保护农民的土地使用权。

2002 年《中共中央关于做好农户承包地使用权流转工作的通知》，保障法律规定范围内的土地流转，使用权的流转可以促进生产要素的流动和资源的优化配置，促进农业生产力的提高。

以上法律和政策的出台，标志着从法律层面上不断稳定家庭承包责任制的经营体制，并且赋予农民更加自由和完全的农地使用权，以提高农民生产积极性，促进农村经济发展。

2. 农村市场机制的引入

过去的粮食统购统销制度在短期内解决了粮食供给紧张问题，保障了工业化的高度积累，是计划经济体制的组成部分。但从长期来看，其不利于农民生产积极性的提高，农民没有产品支配权，也只能被动接受国家对于粮食的定价，不利

于农村和城市商品经济的发展。1978 年中国共产党十一届三中全会的《中共中央关于加快农业发展若干问题的决定》中，决定发展农贸市场，通过减少统购的范围，价格上引入“双轨制”等政策的实施，使农村集贸市场得到快速发展，拉开了推进农产品市场化进程的序幕。1984 年 10 月中共十二届三中全会通过了《中共中央关于经济体制改革的决定》，开始全面启动经济体制改革，这样农村的统购制度就不适应新的发展情况。1985 年中央 1 号文件《关于进一步活跃农村经济的十项政策》决定在全国改革农产品统派购制度。这一制度改革是与农村家庭承包制相适应的，保证了农民长期稳定、全面地拥有农地使用权，保障了家庭承包制这一基本经营体制的实行。

3. 多种经济成分的共同发展

农村个体经济的发展与农地制度改革也息息相关。党的十一届三中全会就明确指出，在人民公社制度下，“社员自留地、家庭副业和集市贸易是社会主义经济的必要补充部分，任何人不得乱加干涉”①，提高了农民经济活动的自由性。1979 年《中共中央关于加强农业发展若干问题的决定》强调：“社员自留地、自留畜，家庭副业和农村集市贸易，是社会主义经济的附属和补充”②，推动了家庭副业的发展。以上两个文件是对“一大二公”的重大挑战，为农村发展多种经济成分奠定了基础。从可以“持证外出劳动和经营”③、“一定范围的劳动者个体经济是公有制经济的必要补充”④、“在很长的时期内需要多种经济形式的同时存在”⑤ 到“在法律规定范围内的城乡劳动者个体经济，是社会主义公有制经济的补充。国家保护个体经济的合法权利和利益”⑥，对个体经济的承认和保证在越来越高的层面上得到重视，最后写进了根本大法——宪法。之后，国家出台了一系列指导个体经济发展的政策和措施，农村个体经济快速发展，乡镇企业异军突起，农村所有制发生了深刻变化，同时推动了全国所有制结构的调整和市场经

---

① 中共中央文献研究室编．三中全会以来重要文献选编（上）[M]．北京：人民出版社，1982：8.

② 中共中央文献研究室编．三中全会以来重要文献选编（上）[M]．北京：人民出版社，1982：185.

③ 1980 年《关于进一步加强和完善农业生产责任制的几个问题》。

④ 1981 年 6 月党的十一届六中全会《关于新中国成立以来党的若干历史问题的决议》。

⑤ 1982 年中共十二大报告。

⑥ 1982 年 12 月五届人大五次会议通过的《中华人民共和国宪法》第十一条。

济的迅猛发展。

（二）实践变革

实行家庭承包制后，极大地促进了农村生产力的提高，农民的生产积极性空前提高，农业生产要素异常活跃，农业生产和国民经济都取得了可喜的成绩。但这种制度也暴露出了一些矛盾和问题，在农村，农地承包几乎是按人平均承包，土地质量优劣搭配，再次出现了小农经济所固有的弊端。细碎化的经营不容易出现较高的生产效率，不是现代化的经营方式。这样，一些地区开始了以下的实践探索：

1. 两田制

两田制是指把耕地分为口粮田和责任田，口粮田按人口平均分配，只上缴农业税，主要是为了保障农民的生活；责任田或按人口或按劳动力或以招标的方式承包给各农户，农户耕种所承包的土地，除上缴农业税外，还要完成定购任务和上缴承包费，责任田主要是为了解决农民的收入问题。两田制既要保证农户的基本生活保障，又要实现农地的适度规模经营和解决劳动力短缺对于农业生产的负面影响问题。

20 世纪 80 年代，东部沿海等发达地区采用了两田制，在这些地区劳动力大量转移出去，农村劳动力不足，土地撂荒现象严重。针对这些问题实行了两田制，在保证口粮的前提下，把土地承包给有能力的农户，解决农地撂荒问题。这一时期的两田制是在自愿的原则下形成的，两田制实行的过程中逐步开始出现一些专业化的经营和规模化的经营，生产效率较高，效果很好。1985 年以后，全国其他地区也针对新的土地调整下土地撂荒的问题，实行了“动账不动地”的“两田制”，1990 年一些地区由于不断提高承包费而限制了两田制的良性发展，1994 年中央明确规定限制承包费额度，但效果不大，地方基层政府对两田制形成了严重的制度侵蚀，农民对此表示强烈不满，政府对两田制也逐渐采取收敛的态度，到最后由于“中央不支持两田制”而归于失败。

两田制是在家庭承包制下的一种制度创新的尝试，在实行初期取得了良好的效果，特别是在山东平度试验区，学者们普遍认为其绩效超过了其弊端。平度的两田制在保障农民生活的基础上，实现了农地的集中，解决了农地细碎化经营的问题，他们把土地按照水利、机械等耕作要求，把土地连成片，打破了村与村的

界限，实现了农地的规模经营。

2. 集体经营或大户经营

面对人地关系紧张的中国农村现状，解决农地经营细碎化问题，就应该实现农地的集体经营或大户经营，以提高生产效率，促进农业生产。我国农村对此也进行了一些探索，这些探索大都是在政府的主动引导下进行的，主要有以下几种方式：

（1）集体农场经营方式。1986 年北京顺义县改变了平均分得土地承包权的做法，兴办集体农场或发展家庭农场，以实现农地的统一经营。在北京顺义县，集体农场经营土地面积占 62.8%，专业劳动力和土地规模承包的双层经营方式经营土地面积占 28.8%，家庭经营土地面积占 8.4%。北京顺义县以集体农场的经营为主，这时的集体经营引入了一些企业化的运行机制，不同于人民公社的集体经营。

（2）家庭农场或村办农场。江苏苏南地区也是劳动力外流比较大的地区，农民经营农业的积极性不高，这样，在苏南试验区就用创办家庭农场或村办农场的方式，进行农业的规模经营，并制定了相关的配套措施来保证这种经营方式的实行。另外，两田制基础上的家庭农场和广东南海出现的以股份合作方式实现的家庭规模经营也属于此类，这种适度的规模经营促进了农产品的商品化，提高了农产品产量和农业劳动收入。

除以上两种形式外，还有“区域种植、统种分管”、土地股份合作制等规模经营的方式，这些经营方式都是促进农业实现规模经济的勇敢探索，都取得了一些效果，但也存在一些问题，如内部监管和分配问题，相关政策支持和经费投入问题，领导干部素质和工作能力问题等，都说明这些经营方式存在着一定的制度缺陷。

3. 土地流转

土地流转可以促进农业生产要素的流动，促进农业资源的有效配置，也可以促进农地的规模经营，我国农村在这方面也进行了改革与尝试，主要有“反租倒包”和“承租反包”两种形式。“反租倒包”是指农民把土地出租给集体，集体租给公司经营，公司向集体交纳租金，再把土地反包给农民，农民要按照公司的要求进行生产或管理；“承租反包”是指保持原有的承包关系不变，企业直接向各农户承租成片的土地，企业统一对所承包的土地进行规划，并建设水利等基本设施，公司再把土地反包给农民。通过这些土地流转的方式，吸引了非农资金向农业的投入，公司和企业可以对农业生产进行统一耕作、播种、打药，还可以引进技术、负责销售等，促进农业技术水平的提高和经营水平的提高，同时也实现了规模经营的需要。这些土地流转方式保障了农民的正当利益，尊重了农民的意愿，得到了群众的支持，在经济上也取得了很好的效果，通过资金和技术的投入，实现了级差地租Ⅱ的极大增加，通过土地使用权的流转，地租收入很明显地显现出来，体现了土地这一生产要素的生产贡献。

4. “四荒地”拍卖制度

这一制度主要产生于山林丰富的地区，这些土地集体所有权不变，拍卖的是其使用权，且年限较长，通常是 50 ~ 100 年。在这种制度下，购买者是通过“买”取得的土地使用权，使得购买者心理上更为安心，可以全心全意经营土地。而期限长主要是为了解决经营与治理相结合的问题，避免短期效应，只取不治，从而导致资源严重破坏的问题，以保障资源的可持续利用。山西省和陕西省等一些山地都采用了这种制度。这种制度坚持谁购买、谁治理、谁受益的原则，而且土地使用权可以再次流转，可转让、可入股、可出租、还可抵押。“四荒地”拍卖制度打破了购买主体的性质和地域限制，可以是国家、集体，也可以是个人；可以单独购买，也可以联合购买；可以是本区域内主体，也可以是区域外主体。这都体现出“四荒地”拍卖制度给予购买者更大和更稳定的自主使用权，实现了规模经营，实践中也取得了很好的效果，促进了农地市场化的发展。

综上所述，家庭联产承包责任制建立以后，无论在实践上还是在政策上都进行了进一步的改革，但总体来看还是在长期稳定的家庭承包制下的农地经营权的变革。不管政策如何变化，实践如何发展迅速，在农村土地两权关系上，农地集体所有权依然保持不变，变化的只是农地经营权。在实践与政策的双重推动下，产生了多种农地使用权的实现方式，目的都是为了解决家庭承包制中的矛盾和问题。在实际变革中，有的使农地个体经营权表现得更完全，有的使农地集体经营权得到进一步体现，有的使农地经营权在实现方式上更为灵活，加速了农地经营权的市场化。但从实践来看，我国农村还是以家庭经营为主，至少现在没有找到一种更为普遍适用的可替代性的农地经营方式。从农地两权关系来看，虽然在土地集体所有制下，集体成员承包土地，有土地所有权与经营权相统一的一面，但由于集体权能的缺失和各农户间的独立经营，集体与农户及各农户间的利益相关性表现不明显，这种两权统一非常淡化，我国农地两权关系主要表现为农地集体所有权与农户家庭经营权的分离。而在实践中探索的一些制度上的变革也是在这种农村基本经营体制基础上的变革，没有改变农地这种两权关系，只是在现有的农地两权关系基础上进一步深化农地经营权，使农地经营权及与之相适应的收益权表现得更加灵活，并没有改变农地基本的两权关系。

第三章
我国农地两权关系演变规律的内容

通过我国农村土地两权关系演变过程的分析可以看出，我国农村土地所有权和经营权之间的关系时而分离，时而统一，本章将通过理论研究，分析究竟是哪些因素决定、制约和影响我国农地两权关系演变，透过我国农地两权关系分分合合反复变化的经济现象，揭示我国农地两权关系演变的规律性。

第一节　我国农地两权关系演变的决定因素：生产力

我国农村土地两权关系的演变是由生产力发展的客观要求决定的，居于主导地位的生产力与其他生产力间的关系、总体生产力与个体生产力的关系，都从不同层面上决定我国农地两权关系的变革，同时生产力发展水平决定着所有权与经营权在农地两权关系中地位的变化。

一、生产力的发展决定着农地两权关系演变的必然性

生产力决定生产关系表现在两个方面：生产力的性质决定生产关系的性质；生产力的发展水平决定生产关系的发展阶段，决定什么样的生产资料所有制及相应的人与生产资料的结合方式。生产力的发展决定所有制的发展变化，也改变所

有权及所有权内部结构关系。

原始社会的人们只懂得用极其简单的石器生产工具打猎和采野果，因此只能群居在一起，共同生产、共同生活，落后的生产力水平决定了人们对于土地的共同占有、共同使用。私有制的产生来源于剩余产品的产生，而剩余产品则来源于生产力水平的提高。在父系氏族公社后期，人们使用的生产工具虽然还是以木器、石器、骨器为主，但劳动工具的制作更为精细，提高了劳动效率，同时，由于冶铜业的发明，铜器工具的出现更加推动了生产力的发展，这样就出现了剩余产品，从而促进了原始社会向奴隶社会的发展。奴隶社会农业生产中的排灌和耕作方式使井田制存在成为合理性，土地王有和井田制下土地两权关系是分离的。春秋战国时期，中国进入了铁器时代，农业生产普遍使用了铁制工具——犁铧，并且采用了牛耕的方式，农田灌溉工程也得到了大发展，这些都促进了农业生产力的大幅度提高，从而为个体生产创造了必要的条件，也刺激了村社农民对土地经营权的要求，进而导致了封建生产关系的建立。在封建地主所有制下，地主对农业生产和农民对生存的需求，使土地和农民在土地两权关系分离的基础上结合起来。从封建社会到半殖民地半封建社会，中国的农业生产力和生产关系都是封建社会性质的：耕作工具以手工工具为主，农民的耕作劳动只是简单劳动，耕作技术落后、方法单一，几乎不使用化肥，水利建设落后；土地占有绝对不平等，土地绝大多数归地主和富农所有；土地经营方式是租佃制下的单一家庭经营的方式，只有简单分工，农民向地主支付高额地租。以自给自足为特征的自然经济是封建社会经济的主要特征，清朝中期中国的资本主义萌芽明显显现出来，中国农村的自然经济开始解体，按照正常的发展规律，中国应走向资本主义道路。但帝国主义的入侵改变了这一发展方向，帝国主义入侵一方面加速了自然经济的解体，另一方面限制了中国走向强大的资本主义，对中国进行残酷的剥削和掠夺，半殖民地半封建社会的中国农业发展极其困难，中国农民生活极端困苦。抗日战争胜利以后，中国主要矛盾是阶级矛盾，中国农民迫切想改变落后的农地制度对生产力的严重阻碍，要想解放中国农业生产力，只能赋予农民土地所有权，实现民主主义经济，实现农地的小农经营，改变几千年来农地封建私有权下的两权分离，实现农民土地私有权下的两权统一，以休养生息。而中国的土地改革正是这种生产力要求下的制度变革，这一改革实现了农民生产积极性的提高，大大促进了生产力的发展。

中国经济经过休养生息以后，中国农业小农经济两权统一的经营方式又出现了个体生产力落后，即单个家庭生产工具、耕畜、劳动力等不足的情况，这样就需要互助合作。互助合作小组是在农地为农民私有下的简单劳动协作，农地所有权只与具体劳动过程的使用权发生低层次分离，而初级合作社的互助合作是更高层次的集体劳动，出现了农地私有权下的两权分离，即农地归农户私有，使用权归集体，农产品按劳分配与按要素分配相结合。初级社时期的农地两权关系极大地促进了生产力的提高，诸多学者都对初级社时期生产关系对生产力的促进作用给予了很高评价，因为从生产力的角度看，它符合生产力发展的客观要求，促进了农民生产积极性的提高、农业科技应用的增加、耕作方法和工具的改进及分工协作等，从而提高了农业劳动生产力水平。

中国农村的高级社和人民公社时期的制度不符合生产力的发展状况，超出了生产力的客观要求。农地完全集体化是社会主义农业生产的一个特征，但马克思所说的社会主义，是经过资本主义社会强大的生产力积累、工业极其发达、社会分工极其深化、生产力相当发达基础上的社会主义。但是，当时我国在各个方面都不满足这些条件，生产力极其落后，农业生产基本还是以手工农具为主，农业生产力和国家工业化都没有达到可以实行完全集体化的条件；我们却强行推行了农地完全集体化，农地集体所有集体经营，农地两权统一。虽然在这一时期我们也取得了一些成绩，但从生产力的角度来看，其阻碍性非常明显，制度本身的缺陷严重限制了农民的生产积极性，其制度缺陷的根本在于制度本身超出了生产力的客观要求，与生产力发展是不相适应的。

通过农业合作化运动，我们实现了与社会主义社会相适应的农地集体所有制，但制度又存在缺陷，在不能改变所有制性质的前提下，即在农地集体所有权下，我们只能变革其经营权来调整生产关系，以适应农业生产力的发展，这就是家庭联产承包责任制以来，中国农村所有变革的基础。人民公社的制度缺陷主要是农民没有经营自主权，这严重限制了生产力的发展，生产力发展的客观要求是农民对土地有经营自主权。这样，在农地所有权保持不变的前提下，就必须给农民充分的经营权，实现两权分离。1978 年以后我国农村所有的变革都是围绕这一点展开的，只是我们的改革是循序渐进、逐步深化的，使农地经营权的实现越

来越灵活，越来越完全。这一系列的改革都是适应生产力发展的客观要求的，当两权关系变为集体所有权下的两权分离的时候，确实极大地促进了生产力的发展。

可见，生产力的发展首先决定了社会性质，决定了农地所有制，在相对稳定的农地所有制下，生产力的发展要求有不同的土地与劳动力的结合方式，这就必然要求有不同的农地两权关系。

二、主导生产力对我国农地两权关系演变的作用

在生产力发展的不同阶段，社会的核心资源是不同的，而这些核心资源的生产力发展状况就是这个社会的主导生产力状况，一国的生产力发展水平，主要取决于主导生产力的发展及各个部门的生产力协调发展情况。在农业社会，土地是最核心的社会资源，生产工具以手工工具为主，手工业生产也是简单的手工工具，并没有成为单独的生产部门，农业是这一社会的主要生产部门，农业生产力就是处于主导地位的生产力。在工业社会，工业与农业完全分离，工业生产以大机器生产为主，资本是最核心的社会资源，工业生产的发展成为一个国家生产发展的重要标志，工业部门是主要的生产部门，工业生产力是处于主导地位的生产力。这些处于主导地位的生产力的性质和发展，影响着农业生产关系的变化。

资本主义社会以前都是农业社会，而历史的原因又使我们没有走上资本主义道路，因此，到新中国成立以前我国都处于农业社会，虽然各时期在生产力和生产关系上都有所不同，但既然是农业社会，那么其核心资源就是土地，这些时期的生产关系的变革主要反映在农业生产关系上，农业生产关系必须能够促进农业生产力的发展，才能促进整个国民经济的发展。在旧中国，影响农业生产力发展最重要的障碍在于农村土地分配不均，所以，新中国成立后我们通过全国土地改革运动，实现了农地土地所有权的变化，出现了农地农民私有下的小农经济的生产方式，农地两权统一是符合农业生产力发展要求的，是农业社会促进生产力发展的一种生产方式。

中国由于特殊的政治历史原因，没有同西方发达国家一样走上工业化道路，而新中国成立后我国却处于工业革命后带来的广泛的工业化发展、工业生产力成为决定一个国家生产力发展的决定力量的时代背景中。中国必须赶上这个时代，

工业化是我们的必然选择，工业生产力必须成为我国居于主导地位的生产力。服从于工业化的需要和工业生产力的需求，农地集体化就成为中国一种制度化的选择。而这种制度的推进也不是一步完成的，农地两权关系也是逐渐演变的：由农地私有制下的两权统一演变为两权分离，再演变为农地集体所有制下的两权统一。这种制度推进是以促进工业化、发展工业生产力使其成为我国主导生产力为主要目的的。这种制度牺牲了农民的利益，在一定程度上限制了农业生产效率的提高，这反映了主导生产力对其他生产力的影响，反映了工业部门和农业部门的关系。

本来在工业化发展的过程中，应促进城市化发展，加强农村劳动力转移，减少农村人口，但我国在发展工业化道路的进程中，特别是工业化初期，我们却是限制农村人口进城的。1951 年发布的《劳动保险条例》、1952 年发布的《关于劳动就业问题的决定》、1953 年发布的《关于实行粮食的计划收购和计划供应的命令》及 1958 年通过的《中华人民共和国户口登记条例》都严格排斥农村劳动力进城务工。这与其他国家工业化的发展是不一样的，结果导致 70% 的劳动人口牺牲了自己的利益来支持国家重工业的发展。而农业生产力却发展缓慢，工农业矛盾突出，农民与农业的付出也到了底线。经过国家工业化的初步发展，虽然农业生产工具有所改进，但不普遍，农业生产力的缓慢增长已经严重地限制了国民经济的整体发展，部门生产力的不协调问题非常严重，农村生产关系已经到了不变不行的时候了。

顺应农村生产力发展的客观要求，中国农村生产关系发生了自下而上的变革，即农地两权关系在集体所有制下实现了两权分离，赋予农民越来越多的使用权，以促进农业生产力的提高和农民收入水平的提高，解决工业部门与农业部门生产力的矛盾问题。中国经济体制改革以后，中国经济得到突飞猛进的发展，工业发展迅速，工业部门已经成为我国经济的主体部门，工业生产力成为我国居于主体地位的生产力。而农业生产力虽然得到解放，但由于资源与人口限制，与工业生产力相比，农业生产力发展依然缓慢，工农业矛盾依然存在并进一步加深。所以，我们依然在进行多方面的改革，以解决工业生产力与农业生产力发展的不平衡问题。在农地两权关系上，表现为农地经营权的完全与深化，农户在国家法律规定的范围内，经营权的权限越来越大。国家也保障和促进农地经营权的深化，如制定促进土地流转和土地市场等方面的法规和政策等，同时，其他配套相关措施也开始逐渐制定与完善，如不断制定涉及农村劳动力转移方面的政策措施等，目的都是促进农业生产力的发展，使农业生产力适应工业化的发展速度，使部门之间的生产力得到协调发展，以促进我国生产力整体水平的提升，这在我国未来一段时期内都是改革的重点。

三、总体生产力与个体生产力对我国农地两权关系演变的作用

个体生产力和总体生产力分别从微观和宏观两个层次来考察生产力，个体生产力是个人对自然的关系，总体生产力是个体生产力在一定所有制和生产方式上的有机结合，这种结合越简单，生产力水平越低，结合越深入，生产力水平越高。这种有机结合的程度受所有制和分工的限制，通过个体生产力不同方式的结合，可以促进或限制总体生产力的发展，而能否促进总体生产力的提高，关键在于能否提高个体的生产积极性和劳动生产率。

在原始社会生产力极端落后的情况下，人们群居在一起，劳动分工也只是自然分工，总体生产力尚且低下，个体生产力在面对未知的大自然时，则更是无能为力，个体之间的简单结合是维持生存的唯一方式，所以无所谓私有与私占，一切都是共同占有共同使用的。奴隶社会生产力得到一定发展，给个体生产提供了一定的可能性但不完全，所以奴隶社会有公田和私田之分，也有村社集体劳动的情况。春秋战国时期，生产力的发展才使个体生产成为完全意义上的可能，若还采用奴隶制的生产方式则个体生产积极性极低，从而总体生产力也不高，只有满足人们的个体生产需求，才能促进个体生产力的提高，进而总体生产力水平也会提升。

土地改革以前，农民一直受剥削和压迫，农民对土地所有权的要求越来越强烈。我国通过土地改革，使农地由封建私有转变为农地农户私有，赋予农民农地所有权，农地所有权关系由两权分离演变为两权统一，实现了真正意义上的小农经济。这符合了广大农民对土地的要求，符合生产力的发展要求，极大地促进了个体生产力的提高。在小农经济下的互助合作也基本以临时为主，目的是为解决

个体生产力在农忙时节生产上的困难，这种结合极其简单，也不固定。所以，在这一时期，农业总体生产力主要是农民个体生产力的简单加总，通过促进农民个体的生产积极性，就能从整体上提高农业的总体生产力。

农民个体生产力的简单加总而形成的农业总体生产力，终归是较低层次的，其提高是有一定限度的，只有通过分工的深入，才能使个体生产力更为有机地结合，从而促进总体生产力的提高。而合作化运动就是要解决这样一个问题，互助组通过简单的分工，实现了农民之间简单的劳动协作，这种个体生产力的结合要比简单加总更能促进总体生产力的提高，当然也促进了个体劳动生产率。初级社制度的个体生产力间的结合更为深入一些，对农地的统一规划和经营、对农具及牲畜的共同使用、劳动及生产要素参与分配方式等，都使个体生产力之间更为有机地结合在一起，解决了个体劳动所无法解决的问题，克服了限制个体生产力的因素，极大地促进了农业总体生产力的提高。在高级社和人民公社时期，与之前相比，个体生产力之间结合得更为深入，但这种结合没有关注到有机结合的关键点——个体的生产积极性，是在限制个体积极性基础上的结合，这种结合是违背个体意愿的，无论其结合方式多么深入，都不可能促进农业总体生产力的提高，因为总体生产力毕竟来自于个体生产力。以上这些结合方式的变化，都是通过农地两权关系的演变来实现的，有的通过结合实现了总体生产力的提高，有的通过结合降低了个体生产力，从而也限制了总体生产力的发展。

20 世纪 80 年代中国农村土地制度的改革，是解放个体生产力的迫切要求，是通过农地两权分离的方式实现的。家庭承包制下的农地经营方式，赋予了农民越来越完全的使用权，虽然还是以家庭经营为主，但不是向小农经济的退步性回归。这时的家庭经营与土地改革后的家庭经营相比，其经济背景不同，经济体制改革带来了方方面面的变化，市场经济的发展使社会分工越来越深入，个体之间的联系千丝万缕，农民个体生产力通过强大的社会分工而有机结合起来，特别是农副业的发展和乡镇企业的发展等，都在以前所未有的程度上提高了总体生产力。改革开放以后，一些地区在农地经营方式上的变革，也都验证了个体生产力的有机结合对于总体生产力的作用，这些经营方式的变革是在进一步地深化农地两权分离的基础上进行的，目的都是在促进农民个体生产积极性和农民自愿的前提下，使个体生产力更广或更深地有机结合起来，促进农业整体生产力的提高。

四、生产力发展水平与所有权、经营权地位变化的关系

生产力发展水平不仅决定了农村土地所有权及两权关系，也决定了所有权和经营权在两权关系中地位的变化，在一定所有制条件下，生产力发展水平的提高，使经营权在两权关系中的地位越来越突出。

从奴隶社会到封建社会，中国是典型的阶级社会，剥削阶级与被剥削阶级地位不平等，相互对立，土地两权关系是在剥削阶级所有权基础上的两权分离。奴隶社会中，土地的经营方式采用的是村社经营的方式，此村社已不同于原始社会的公平理念下的村社，其经营方式要服从奴隶主的剥削。奴隶社会的村社是诸侯所占有土地的具体占有者，而在土地上进行耕作的是既有奴隶性质又有农民性质的村社农民。不管是奴隶社会的各诸侯对于土地的占有，还是村社农民对于村社土地的耕种，或者是一些农民对于所分得“份地”的耕种，在奴隶社会生产力水平低下、商品经济刚刚起步的情况下，他们对于土地的占有和使用，还不足以形成经营，只是简单地使用土地罢了，其占有权和使用权都是简单而直接的。生产力的发展使个体经营成为可能，也促进了封建土地私有制的建立，在封建土地私有制下，土地归地主所有，地主把土地租给农民，农民向地主缴纳地租，在这种土地两权关系下，农民虽然对地主有人身依附关系，但其对于土地的经营使用权较之奴隶社会已大大增加。并且商品经济的发展，也促进了农产品的商品化，促进了土地经营观念的增强，特别是封建社会后期的自耕农的发展，更加反映了土地经营的发展。在中国阶级社会里，虽然生产力的发展促进了土地经营的发展，使经营权在两权关系中的地位有所上升，但由于土地归剥削阶级所有，剥削阶级凭借土地所有权无偿地占有劳动人民的剩余劳动甚至必要劳动，所以这种所有权在经济上的实现还是显而易见的，特别是在生产力不发展的中国农业社会，土地所有权在两权关系中处于明显的支配地位，经营权在两权关系中地位很低，在经济上体现是不明显的。

从土地改革后到初级社、高级社、家庭联产承包责任制，中国农地两权关系经历着农民私制下的两权统一——农民私有制下的两权分离——集体公有制下的两权统一——集体公有制下的两权分离的发展历程，从其对生产力发展的作用上看，概括地讲，土地改革、初级社和家庭联产承包责任制对于农村生产力的发展所起的促进作用更为突出，而高级社对于生产力的发展起到了一定的阻碍作用。究其原因：我国生产力的发展更适合个体经营，而在个体经营的基础上可以通过个体生产力的有机结合促进总体生产力的发展，这需要通过适当的方式来实现。社会生产的首要任务是发展生产力，生产力的发展要求，促使人们越来越重视现代意义上经营的含义，而随着中国由计划经济向市场经济的转变，随着市场经济的不断深入发展，增强了农民对农地的经营意识，促进了农业产业化的发展。这些阶段的中国农民摆脱了剥削和压迫，成为新中国的主人，农地所有权由农民私有到集体公有，与旧社会的农地所有权有着本质上的差异。特别是实现农地集体所有制下的双层经营方式后，所有权只在根本意义上实现了无产阶级对生产资料的占有权，体现了社会主义生产关系的根本。随着中央惠农政策的相继出台，“三提五统”取消了，集体对于所有权的经济表现形式已被掩盖了。农民只要在国家法律允许的范围内就可以采用多种方式进行农地经营，对于农村土地的经营权越来越大了；同时，农地经营权也可以依法转让出去，这些都反映了经营权在两权关系中的地位越来越高。总之，在社会主义中国，在农民成为土地主人的条件下，经营权的地位必然随着生产力的提高而提高，这既符合生产力的发展要求，同时也会促进生产力的发展。

总之，无论从阶级社会来看，还是从社会主义中国来看，生产力发展水平的提高会不断增强农民对农地的经营意识，从而提高农地经营权在两权关系中的地位，而这种地位的提高反过来也会促进生产力的发展。同时必须承认，虽然经营权的地位随着生产力的发展不断提升，但所有权在两权关系中总是起支配作用，两权关系总是在一定所有权下的两权关系，所有权在经济上和政治上占决定地位。

第二节　我国农地两权关系演变的制约因素：生产关系

生产关系内部诸要素的相互作用推动着我国农地两权关系的演变，如前文所

述，生产关系既有特殊性，又有一般性，生产关系的特殊性主要表现为社会经济制度，生产关系的一般性主要表现为资源配置方式或经济体制，两个方面的生产关系都对农地两权关系的演变起着重要的推动作用。

一、生产资料所有制是农地两权关系演变的制度性前提

生产资料归谁所有是生产关系的核心，决定着生产关系的性质和生产关系的其他方面，规定着占有权、使用权及其实现形式。土地是人们物质生产过程中重要的生产资料，特别是对于农业生产来讲，在绝大多数情况下是必不可少的，农地的占有、使用、收益、支配等权力及其实现形式，都必须建立在其所有权基础上。农地归谁所有决定着其他权力的实现形式，在一定的所有权下，两权关系的分分合合，反映着一定经济社会的生产方式及人与人之间的关系。

所有权总是一定所有制下的所有权，抛开所有制而独立存在的抽象的所有权是没有任何意义的，所有权只是所有制在法律上的一种体现，生产资料所有制决定了一个社会的经济制度的基础，决定了经济社会的性质。在一定的生产资料所有制下，生产资料的所有权是相对稳定的，而生产资料的使用权是可以灵活多变的，因此生产资料的两权关系总是在一定所有权下统一或分离。

在阶级社会，土地所有权反映了两大对抗阶级的关系，在不同的历史时期，通过土地的两权分离，实现着不同方式的一定土地所有制下的劳动与生产资料的结合。在奴隶社会，所谓的土地国有实际上为土地王有，分封给诸侯的土地，诸侯也没有处置权，国王不只给各诸侯分土地，还给各诸侯国分村社和具有奴隶和农民双重身份的村社农民，随着奴隶社会生产力的发展和王权的弱化，土地所有权出现了下移的趋势，各诸侯国开始逐渐拥有土地的所有权。总之，在奴隶社会，土地不管是王有，还是既有王有、又有各诸侯所有，土地的所有权终归不在劳动者手中，而在奴隶主阶级手中。虽然有些村社农民有一块私田，但也是没有所有权的私田，村社农民和村社一起归各奴隶主所有，阶级对立与利益对立是显而易见的。在奴隶社会土地王有的制度下，各分封的诸侯每年都要向国王交纳贡赋，这种贡赋具有租税合一的性质，也在一定程度上反映了奴隶社会的土地两权关系。中国封建社会与半殖民地半封建社会，存在着一定的差别，但是从总体上

看，农地两权关系却存在着一致性，只不过在半殖民地半封建社会其表现形式更为复杂化。在封建和半封建社会，土地所有权归封建地主所有，农民租种地主的土地，并向地主交付高额地租，形成了农民对地主的人身依附关系，农地两权关系是在封建土地所有制下的两权分离。在阶级社会，在农地所有权归少数人所有的情况下，必然要通过农地两权分离才能实现生产资料与劳动者的结合，否则社会生产就无法进行，所以生产资料所有制是农地两权关系的制度性约束条件。

土地改革后，广大农民获得了梦寐以求的土地所有权，小农经济的经营方式就是当时中国农村最适合的生产方式，即农村土地两权统一，自给自足。土地改革实现的是生产资料所有制的根本性变革，社会制度的性质由此而改变，彻底废除了封建土地所有制，建立了农民土地私有制。农村土地两权关系的分离到统一的演变，是在跨越了所有制变革基础上产生的；其实，在农地上进行耕作的具体劳动，即对农地的具体使用，没有发生变化，但性质却完全不同。通过农村土地所有制的变化，产生了反映在法权关系上的土地所有权的变化，从而形成农地两权关系由分离变为统一。正是这种所有制及所有权的变革，符合了农村生产力的要求，符合了广大农民的利益，才促进了农民生产积极性的提高和农村生产力的提高。

20 世纪 50 年代中期，我国通过社会主义改造实现了社会主义公有制，农村土地通过合作化运动，实现了由农民私有向集体所有的转变，农地两权关系由农民私有制下的两权统一演变为两权分离，再演变为农地集体所有制下的两权统一。通过农村土地两权关系的逐渐变化，中国农村通过和平的方式实现了农村土地的集体公有制。通过社会主义改造，我国建立了社会主义社会的制度基础——生产资料公有制，实现了对生产资料的公平占有，无产阶级成为国家的主人，政治意义十分重大。但是马克思所指的社会主义是生产力高度发达的社会主义，我们的生产力情况与之相差甚远，集体化的统一经营超越了生产力要求，制度并没有适应生产力的客观要求。但中国的社会主义革命已经完成，若再反复地变换社会性质，回到过去，那么，中国农村还会出现土地兼并和大地主，中国农民还会陷入水深火热之中，这与中国共产党的革命宗旨也是不一致的。所以，在以生产资料公有制为制度基础的社会主义社会，农村土地的所有制性质不能改变，只能在公有制的前提下变革农地经营权。

1978 年中国农村土地制度改革，正是在保持农村土地集体所有制性质不变的条件下，所展开的农地经营权的变革。农地集体所有且集体统一经营不适合生产力的发展，农村生产力的发展要求农民具有经营自主权，所以在农地集体所有制下，在不改变土地所有权前提下，实行两权分离，给农民生产经营自由。通过农地的两权分离，既保证了公有制即社会主义性质不变，体现了社会主义社会的公平性，又在效率上极大地刺激了农民的生产积极性，促进了农业生产力的发展。

在社会主义中国，不存在阶级对立，那么包括农地在内的生产资料自然都要归大多数人所有，而不同的只是这种所有的形式是农民私有、国有还是集体所有。不同的历史时期，面对的各种环境不同，我们就要选择适当的农地所有制。而农地两权关系必然是在一定的所有制下的两权关系，即在不同的历史时期，在不同的农地所有制下，生产资料与劳动力如何结合能创造最大的生产力，这在很大程度上取决于哪种方式能提高劳动者的生产积极性，而不同的结合方式就形成了不同的农地两权关系。所有权相对稳定，而经营权却可以依生产力的要求而变化，这样农地两权关系就会在一定的所有制的约束下，随着生产力的要求而不断变化，促进农业生产的发展。

可见，无论是在阶级社会，还是在社会主义社会，农地两权关系都是一定所有制下的生产资料与劳动者结合方式的反映，在一定的生产资料所有制的约束下，农地两权关系反映了社会的生产方式，是保证农业生产的重要方面。

二、经济体制与农地两权关系

如果说生产资料所有制是社会经济制度的基础，是从生产关系的社会性质出发的，那么，经济体制就是以生产关系的一般属性为出发点来理解生产关系，它与具体劳动直接相关，不属于生产力的范畴，而属于生产力层次的生产组织形式和产品交换形式，表现为具体劳动过程中的分工与管理、资源配置方式。经济体制作为生产关系中的一个重要环节和属性，必然对生产关系的其他环节和属性都产生重要影响，当然也会影响生产资料的两权关系，包括农村土地的两权关系。

商品经济的发展对土地所有权和土地两权关系的发展变化起着重要的作用。

在奴隶社会，土地王有，虽然国王通过分封制将土地分给各诸侯，但各诸侯国也只有占有权，而无处置权，更无权买卖与交易。奴隶社会末期商品经济的发展、农产品加入到商品的行列、货币的出现等，使本来就存在的各阶级对土地私有权需求越来越强烈，从而加速了奴隶社会村社的灭亡和封建制度的建立。在各阶级对于土地所有权诉求的增强和商品经济发展的过程中，人们纷纷采用多种方式占有土地，导致了土地买卖的出现。土地买卖的出现与封建土地私有制的确立与巩固相互促进，土地买卖加速了封建土地私有制的建立与巩固，封建土地私有制的建立又加速了各阶级间的土地买卖，当然也包括土地兼并，从而产生了为数不少的大地主。

新中国成立以后，中国的经济体制发生了几次变革，在粮食“统购统销”制度以前的旧中国，商品经济的发展和资本主义的萌芽使中国农村自给自足的自然经济发生了变化，农产品的商品化、市场化及农业的专门化种植和货币化程度都有所提高，市场开始活跃，商业开始发展。若按照西方发达国家资本主义的发展经验来看，中国应该是经过进一步发展而走上资本主义道路，但中国农村在商品经济和市场发展的过程中，经受着商业资本和高利贷资本的巨额剥削及帝国主义和官僚资本的盘剥，软弱的中国资产阶级并没有带领中国走上资本主义道路。

土地改革后的国民经济恢复时期，中国进入了新民主主义时期，新民主主义经济是一种混合经济，有资本主义的经济成分，也有社会主义的经济成分。1945年和1947年，毛泽东曾提出和强调过“三种经济成分论”，即国家经营、私人经营和合作社经营；1949年毛泽东受苏联的影响，提出“五种经济成分论”，即宗法式农民经济、小商品生产者、私人资本、国家资本和社会主义成分。国民经济恢复时期，我们的主要任务是治理战争创伤，鼓励发家致富，允许商品经济和市场经济的发展。但时间不长，我们就进行了自我否定，开始了合作化运动，认为多种经济成分并存与发展工业化不相适应，小农经济与市场经济存在矛盾。从1953年初第一个五年计划开始实施，中国共产党就开始考虑向社会主义和计划经济过渡，10月16日，中共中央正式发布了《关于实行粮食的计划收购和计划供应的决议》，11月23日，政务院发布了《关于实行粮食的计划收购和计划供应的命令》，开始实施粮食的统购统销，开始了高度集中的计划经济体制。与过渡时期的总路线和总任务及计划经济体制相适应，农村的集体化就成为一个必然

的选择，农村土地所有权由农民私有变成集体公有，经营权由农民经营变为集体经营，计划经济体制及集体化的实现，都是通过农村土地两权关系的变化来实现的，当然，农村土地两权关系的演变也是受其影响的。

20 世纪 80 年代的中国农村改革，也是伴随着计划经济体制逐步向市场经济体制转变而逐渐深入的。我国实现市场经济体制经历了“计划经济为主，市场调节为辅”，“国家调节市场，市场引导企业”有计划的商品经济，建立社会主义市场经济、发挥市场对资源配置的基础性作用等几个发展阶段，逐渐深入地认识了计划与市场、社会主义与市场调节的关系，不断深化社会主义市场经济改革。而中国农村土地制度也与市场经济体制改革相适应，不断变革与发展，从包产到户、包干到户、土地使用权流转、建立与完善土地市场等，在农村土地所有制不变的前提下，农民的土地经营权越来越完全，实现方式越来越灵活。这些变革都是通过农村土地的两权分离来实现的，这种两权关系的变化适应了市场经济的发展，促进了农村土地资源的优化配置，而我们今后的改革也要进一步地以市场为导向，促进农村土地的优化配置，发展农业生产力，提高农业生产效率。

第三节　我国农地两权关系演变的影响因素：上层建筑

生产力与生产关系的矛盾是社会变革的基本矛盾，这一对矛盾的运动必然带来经济基础与上层建筑的矛盾运动，从而引发社会全方位的变革。生产力发展引起生产关系变化、从而导致上层建筑随着经济基础的变化而变化，它们都是社会变革的重要方面，并且相互联系与交织。上层建筑包括政治的上层建筑和思想的上层建筑两个部分，这两个部分既有联系又有区别，两者都由经济基础决定也都对经济基础产生重要的反作用，我国农村土地两权关系演变过程中，政治法律制度与意识形态也同样对其产生着重要影响。

一、政治的上层建筑对我国农地两权关系演变的影响

人们在生产生活中的关系有两种：一种是人与物的关系，另一种是人与人的关系，两种关系构成了人类社会。生产劳动对于人类来讲总是处于首要地位的，无论从人类历史的发展还是从人的需要的层次来看，都是这样的。然而在人的生产劳动中，随着生产力的发展会产生越来越多的需求，如在生产中人们要求待遇的提高、社会地位的提高、机会的平等等，而新的需求就会产生更多的利益关系。在众多的利益中，有物质利益也有精神利益，有个人利益也有由一些人形成的共同利益，协调利益的手段有很多，政治则是其中很重要的一项，而国家更是伴随着共同利益与其对抗利益间的斗争而形成并使之成为必要的。

政治的上层建筑是由经济基础决定的，有什么样的经济基础就有什么样的政治法律制度，反过来，政治的上层建筑对经济基础有着重要的反作用，政治的上层建筑一旦确立，所确立的就不仅是经济关系，而是这个社会的全面的人与人的关系。如果一个社会关系的核心是生产关系，那么政治法律制度则是确立这个关系的“纲”，它提供了对生产力和生产关系具有促进作用的环境，保证了统治阶级意志的实现，确保了统治阶级在经济上和政治上的统治。

政治是利益冲突与阶级的产物，任何一种政治制度在本身发展中都会经历萌芽、形成、确立、健全的过程，下面分析不同社会时期的主要的政治法律对土地两权关系的作用与影响。

在原始社会，氏族成员们群居在一起，氏族全体成年男女共同讨论决定氏族的重大事情，氏族民主议事会是氏族的权力机关，通过民主议事会的选举产生氏族首领，首领与其他成员一样在氏族中是平等的，他没有任何特权。这种氏族民主制是原始社会落后生产力的反映，同时也反作用于原始社会的生产方式，保证原始社会人人平等的生存方式。与土地占有关系相一致，其既反映了原始社会对生产资料共同占有的生产关系的本质，也保证这种共同占有的存在性。

生产力的发展，促进了私有制和阶级的产生，使中国进入了阶级社会。夏、商、周时期是中国的奴隶社会时期，因为中国并没有经过西方社会的共和制，而是直接进入了奴隶社会，所以奴隶社会中保存了相当多的原始氏族公社的影子。

中国奴隶社会进入了“王朝”时代，建立了等级君主制，国王是这个国家地位最高的人，凌驾于社会之上，国家的一切都属于国王，对国人进行专制统治。政治结构上实行严格的等级制，所谓“天子建国，诸侯立家，卿置侧室，大夫有贰宗，士有隶子弟，庶人、工、商各有分亲，皆有等衰”（《左传》桓公二年）。在这种“以天下为王”的等级分封制下，土地自然而然就归王有，只能将土地经营权分配给各分封的诸侯，而奴隶社会的井田制正是在经济上和政治上都与之相符的土地制度，这种农地两权关系既与生产力的发展水平相适应，同时又得到了奴隶社会政治制度的保证。

秦统一六国后，建立了封建君主制，中国的封建君主制分为军事封建君主制和宗法封建君主制两个阶段，后一阶段在中国封建社会中居主体地位。封建社会的君主专制中央集权制度，其政体的核心是皇权，皇帝具有独裁专制，行使最高统治的权力。封建社会之所以取代奴隶社会，是由于封建社会的生产关系能够促进新的生产力的发展，而封建上层建筑必须为这个生产关系和生产力服务。公元前216年，秦始皇颁布了“使黔首自实田”的命令，命令国人报告所占有土地的数量，并向土地占有者征收田赋，标志着在法律上认可了土地私有制，促进了奴隶社会的土地制度向封建社会土地制度的转变。在西汉时期，国家通过国家政治将国家的土地分给各个阶层的人，并且国家也对土地买卖进行了“报官过户”的规范，这些都有效地促进了国有土地向私有土地的转化，进一步促进了封建土地私有制的发展。土地私有制下必然会导致土地兼并，随着土地私有制的发展，官僚、贵族开始大规模兼并土地，形成了一些官僚大地主。封建上层建筑有义务处理人们的经济关系和其他关系，各封建王朝为了协调人们之间的利益关系，通过限田、抑商、王田等政策试图缓和利益主体间的冲突。

从清末到国民党时期，政府也制定了各种促进农业发展的政治制度，其中不乏涉及土地制度的，如开荒制度、国民党依“平均地权”思想而出台的《土地法》等，虽然有些政策并未得到彻底实施，收效甚微，但也起到了一定的积极作用，并为后来的土地政策提供了经验与教训。从1927年的农村根据地开始，中国共产党领导人民建立了人民民主制度，并在土地革命战争、抗日战争和解放战争时期逐步发展，到中华人民共和国成立和全国解放，在中国大地上，人民民主制度作为一个不同于阶级社会的新的政治制度在最大范围内得到了实现。中国共产党是无产阶级政党，代表着广大人民的利益，我们的政党性质与政治制度具有高度统一性。我们的革命与改革都是在探索中进行的，有些政策起到了重要的积极促进作用，也有些政策可能犯了“左”的或右倾错误，但不难看出农村土地政策在上层建筑中的重要性及这些政策对农村土地关系的重要影响。如土地革命战争时期的《井冈山土地法》、《兴国土地法》、土地革命路线的形成、《中华苏维埃共和国土地法》，抗日战争时期《十大救国纲领》、《关于抗日根据地土地政策的决定》、《土地使用暂行条例》中的减租减息政策，解放战争时期的《关于清算减租及土地问题的指示》、《中国土地法大纲》，新中国成立后的《中华人民共和国土地改革法（试行）》，初级合作社时期的《中共中央关于农业生产互助合作的决议（草案）》、《关于发展农业生产合作社的决定》、《关于农业合作化问题的决议》，高级社与人民公社时期的《关于农业合作化的决议》、《中国农村的社会主义高潮》、《关于把小型农业生产合作社适应地合并为大社的意见》、《关于在农村建立人民公社的决议》、《关于改变农村人民公社基本核算问题的指示》，家庭联产承包责任制时期的《中共中央关于加快农业发展若干问题的决定》、《关于进一步加强和完善农业生产责任制的几个问题》、《全国农村工作会议纪要》、《当前农村经济政策的若干问题》等，都对中国农村土地两权关系和农业生产力的发展产生了极其重要的影响。

二、意识形态对我国农地两权关系演变的影响

意识形态是人们看事情的一种方法，一种世界观，任何社会都有一定的意识形态，尽管有些人并没有意识到它的存在。符合统治阶级利益的意识形态常常是以一种“中立”的形象呈现，而与其相对立的意识形态则常常会被说成是极端，由此看出意识形态是具有阶级性和历史性的。在一个社会中，若一个组织想去追求政治权力，由此实现其所代表的利益，那么也必须去影响社会中的意识形态，形成一个自己想要的意识形态，所以各政党和政治团体常常会通过各种途径去传递自己的一些想法，并企图把这种想法合理化，并为人们所普遍接受。社会意识形态反映了人们的经济关系和社会政治制度，不同社会的意识形态都在一定程度上反映了这个社会的现实生活，并且对现实生活产生重要影响。从其所反映的生

产关系和阶级关系来看，分奴隶主意识形态、封建主意识形态、资产阶级意识形态和无产阶级意识形态，分别反映着不同社会形态下的思想特征，反映并作用于经济基础。

原始社会初期人们面对自然的力量无能为力，所谓的人类生产更是极其低下，在这种生产力情况下，人们只能群居在一起，互相帮助以利生存，所以平等互助的观念就自然而然地产生，并且为维护人们之间的这种关系也起到了重要作用。原始社会的氏族组织是以血缘和感情为基础的，人们的平等观念是以氏族为基础的，人们只在氏族内部平等，对其他氏族的感情是不一样的，一旦氏族之间发生冲突，就会产生很强的复仇观念。在生产力发展和氏族组织发展的同时，人们逐渐形成了尊重祖先、首领和英雄人物的观念，并且由于对自然认知有限，加之生活观念开始复杂化，就逐渐出现了鬼神的观念，这些都成为后来社会思想发展的基础。到原始社会末期的父系氏族社会，随着生产力的发展和私有制、贫富分化的出现，平等观念逐渐为不平等观念所取代，氏族首领也形成了用暴力奴役本族人民的思想，其争夺政治权力的思想也越来越强烈，这些都为奴隶制国家的建立和奴隶主阶级思想的形成创造了条件。

奴隶制国家建立以后，统治阶级用暴力维护统治的思想得到确立，这些在政治和法律制度中都有所体现。奴隶主阶级为了维护自己的统治，还控制了宗教，使宗教为自己所用，把自己的统治说成是神意，是神圣不可侵犯的。这时的宗教不再是社会自发的宗教，而变成了人为的宗教，宗教与政治密不可分，巫者则是奴隶制国家的重要官吏。可见，奴隶社会的政治思想完全不同于原始社会的平等思想，奴隶社会的政治思想对奴隶社会的包括分封制在内的等级君主制产生了重要作用，当然对与之密切联系的土地两权关系也产生了重要作用。正是在君权神授、暴力统治的思想作用下，才能维护土地的王有制，各诸侯才能只得经营权，不得所有权，奴隶主阶级才能统治奴隶为自己辛勤耕作。

春秋战国时期是中国奴隶社会向封建社会的过渡时期，随着社会性质开始变化，思想领域也出现了百家争鸣的局面，各有所长，这些思想分别反映了不同阶级或群体的思想和需求。儒家思想虽然以“仁”为核心，但其仁爱思想是“爱有差等”的，反映了封建等级关系，适合封建等级制，代表的是新兴地主阶级的利益；以“利人”“利天下”为原则的墨家思想与小生产者的利益相一致；提倡

“无为”的道家思想反映了一部分知识分子的心理状态；以“以法代德”为思想的法家则反映了一些激进的新兴地主阶级的政治追求。诸子思想互相对立，表现为对过去制度和道德价值观念的不同看法，各家思想中儒家思想与其他各家相比，更能适应封建等级制的需要，也一直在中国封建社会中起到重要的思想统治作用。秦统一六国后，崇尚法家，但秦朝很快就灭亡了，汉武帝时，“罢黜百家，独尊儒术”，确立了以儒家思想为主的封建中央集权制的统治思想，并长期统治着中国的封建社会。在封建社会的发展过程中，逐渐出现了道学、儒学与宗教结合等政治思想的变化，对封建统治影响很大。并且，随着社会矛盾的产生与变化，曾出现了神化与反神化、理学与反理学、玄学与反玄学的思想斗争，甚至到明清时期出现了反封建的早期启蒙思想，但这些都不能解决封建社会的社会矛盾。① 中国封建社会的政治统治思想对中国封建社会的政治体制产生了重要影响，对封建生产关系的确立和完善都起到了重要作用，符合了地主阶级的统治意志，维护着地主阶级对多数土地的所有权，进而对封建社会的土地两权分离产生了思想上的影响。同时，为了缓和社会矛盾，封建社会的伦理思想也对小生产者经济的发展起到了一定作用，这也说明了意识形态的上层建筑不仅对居于主体地位的生产关系产生重要影响，对其他生产关系也产生了一定的影响，目的都是满足地主阶级的利益，维护封建制度。

近代社会，中央集权的封建制度已经没落，西方文化与科技的传入对中国社会思想界产生重大影响，出现了改革、洋务、变法等政治思想，中国传统的政治思想开始转型，一直到辛亥革命推翻封建专制在中国的统治，中国政治思想在社会变革的推动下开始产生变革。中国学习西方屡遭失败，使中国的知识分子开始怀疑资产阶级民主思想之于中国革命的作用。十月革命给中国送来了马克思主义，“五四”运动促进了马克思主义在中国的传播，最后促使中国知识分子选择了马克思主义，马克思主义对中国共产党、对中国革命、对中国社会全方位的变革都产生了重大的指导意义，当然也包括农村土地制度的变革。

中国农村土地制度是在中国共产党的领导下进行的，中国共产党从建党开始就致力于解放中国人民，但中国共产党也不是从一开始就是成熟的党，她也是在

① 朱贻庭. 中国传统伦理思想史［M］. 上海：华东师范大学出版社，1994：17－19.

实践中不断探索中国革命和建设问题，其间也历经挫折。在新中国成立前的土地政策的制定及实施过程中，犯了多次“左”倾和右倾的错误，通过吸取这些教训及与这些错误的斗争，中国共产党才不断成熟，正确地判断了中国革命的性质，形成了自己正确的土地革命纲领，领导中国农民完成了土地革命。新中国成立以后，中国共产党受苏联及社会主义思潮的影响，选择了快速进入社会主义的路线，对我国农地两权关系影响巨大。中国共产党信仰马克思主义，但在具体的实践过程中，很多时候没有真正领会马克思主义思想的精髓，共产国际等也没有根据中国实际做出完全正确的指导，中国共产党在实践中也形成了一些盲目学习苏联做法的错误决策，这对中国革命和中国土地政策的变革都产生了重要影响。有代表性的是20世纪50年代中国的集体化运动，中国农村土地所有权的变革受意识形态及苏联的影响非常严重。按照马克思的设想，社会主义公有制应该在经过了发达的资本主义、具有雄厚的生产力积累的基础上建立的，中国原来的新中国成立纲领也认为中国要经过相当长的一段新民主主义时期，承认中国的多种所有制并存，然后才逐渐向社会主义过渡。但是在社会主义思潮和苏联模式的影响下，中国共产党内部经过两种意见激烈的讨论，最后决定开始社会主义改造，从而向社会主义过渡，并且在实施的过程中一度出现激进的思想和行为，违背了农民本身的意愿和生产力发展的要求。到20世纪80年代，中国共产党逐渐提高认识、解放思想，用马克思主义思想指导中国现实，进行了适应中国生产力发展要求的农村土地改革，取得了很好的效果。

意识形态总是统治阶级根据本阶级的根本利益，在一定条件下对经济关系的反映，它是由包括政治、法律、哲学等思想和观点形成的一个理论体系，对经济关系有重要影响。马克思主义意识形态是科学的意识形态，执政党应体会其科学内涵，正确理解和运用意识形态，才能正确指导中国建设与实践，意识形态领域出现偏差会对经济生活及社会整体产生重要影响。在中国农村土地所有权变革的过程中，意识形态对其影响深远，中间充斥着思想的斗争和阶级的斗争，并且一度将阶级斗争升级，发动了对中国经济造成巨大破坏的文化大革命。正确认识中国阶级斗争的现实情况，才能正确地发挥意识形态对经济的影响作用，绝不能将意识形态和经济基础的位置颠倒过来。我们坚持马克思主义，是由我们党和国家性质决定的，中国革命和建设的任务都必然与之相关，在中国共产党的领导下，中国广大农民的政治觉悟有所提高，这才使我国几十年的土地制度的变革都能进行下去，并且通过理论和实践上的不断探索，通过同“左”倾和“右”倾错误的斗争，我们的意识形态理论会更加成熟，也能够更好地指导中国实践。

第四节 农地两权关系的本质是利益关系

利益是生产力与生产关系矛盾运动的联结点，生产力的发展形成了新兴的阶级，新兴阶级为了自己的利益要求打破旧的生产关系，建立符合新生产力和自己利益要求的生产关系，所有权与经营权的关系正是由各利益主体的利益关系推动的，同时又反映着利益主体间的利益关系的变化。

一、利益主体间的利益关系推动着我国农地两权关系的演变

从利益客体上看，可以把利益具体地分为物质利益、精神利益、政治利益等，物质利益是一切利益关系的核心。从利益主体上看，有个人、家庭、集体、集团、国家和社会六个依次上升的层次。在一定社会关系下，各利益主体之间既存在着横向的利益关系，又存在着纵向的利益关系，这些利益关系或对立或一致影响着各利益主体对于利益的不同需求，影响着社会的变革。在一定的社会条件下，各主体之间利益关系的地位是不平衡的，特别是在存在利益冲突时，有的利益冲突是居于主体地位的，有的利益冲突是居于次要地位的，居于主体地位的利益关系影响着次要地位的利益关系，占主导地位的利益关系对于生产关系的变革起着更为重要的影响作用。我国农村土地两权关系的演变受各利益主体间的利益关系的影响，同时也反映了我国各利益主体之间利益关系的变化过程。

从原始社会到奴隶社会再到封建社会，其历史的发展都是由生产力的发展推动的，而在生产力发展的条件下，社会各利益主体间的利益关系特别是利益冲突更是推动着社会变革。新兴势力代表着新的生产力，同时也为了自己的利益夺取

政权，然后为了自己的利益建立新的生产关系，为发展新的生产力实行新的政策和措施。私有制与阶级就是受人们的利益驱动而产生的，原始社会末期生产力得到一定发展，产品出现剩余，出于物质利益的驱使，一部分人开始占有这些剩余产品，才逐渐出现了私有制和阶级。奴隶社会向封建社会的过渡也源于新兴地主阶级的物质利益和政治利益的需求，生产力的发展使奴隶制生产关系显得落后，代表新的生产力需求的新兴地主阶级要求实现土地个人私有制，以实现自己的物质利益，而政治利益既是由物质利益决定又是对物质利益的有效保证，所以新兴地主阶级才要求夺取国家政权以保证自己利益的实现。

中国共产党在不同历史时期实行了不同的土地政策，也都受不同时期主体间利益关系和社会矛盾的影响。从中国共产党成立初期到土地革命完成之前，在不同的历史时期，中国共产党根据当时中国社会的主要矛盾和主要利益关系制定和实施了不同的土地政策。在抗日战争时期，中日民族矛盾上升为主要矛盾，民族利益作为国家利益占据最主要的地位，为了国家利益，为了抗日民族统一战线的建立，中国共产党实行了减租减息的土地政策。抗日战争胜利以后，在解放战争初期形势较为复杂的情况下，地主与农民的阶级利益关系不宜激化，中国共产党继续实行减租减息的土地政策。当解放战争进入转折以后，在解放区各种条件都已经成熟的条件下，地主与农民的阶级利益冲突就是最为突出的利益矛盾，广大农民迫切要求获得自己应有的利益——土地，中国共产党制定了没收地主土地的土地政策。通过老解放区与新解放区的土地改革，中国农民实现了自己的利益需求，即获得了土地所有权，消灭了地主阶级，封建地主与农民的阶级矛盾在极大程度上消失了，中国农民不仅获得了经济利益，也在此基础上获得了与之相对应的政治利益，农民个体之间是平等的关系，总体上已经不存在阶级冲突。土地改革是基于农民对于土地所有权的利益需求来完成的，符合了广大农民的经济利益，促进了农民生产积极性的提高。

新中国成立初期，国民经济经过一段时期的恢复，农业生产得到了一定的发展，在生产发展的同时，土地买卖和租佃也开始增加，中国农村出现了新富农阶级。这种小农经济的生产方式继续发展下去，必然会出现土地兼并与集中，再次出现地主阶级，阶级利益对抗关系会再次出现，个体之间的平等关系会随之消失，这不符合广大农民的利益。经过一定时期的恢复农业生产，其生产力的发展水平仍极低，各户所占有的工具和耕畜都很少，劳动力也存在短缺，个体生产资料和劳动力的不足，产生了个体之间互助合作的共同利益需求。从国家的角度来看，如何在西方社会的封锁下进行国家建设是最大的国家利益，工业的发展是国民经济发展的重要发展指标，军事争端的频发要求我们要有自己的重工业，所以，工业化就是符合国家利益的道路选择。在当时的情况下，个人利益与国家利益既具有一致性，也有一定的矛盾性，而在特殊历史时期下，个人利益必须从属于国家利益，所以我们开展了农村的集体化运动。农村的集体化运动的核心内容在于农村土地两权关系的演变，所有权由个人所有变为集体所有，经营权由个人所有变为集体所有，由个人私有制下的两权统一变为集体公有制下的两权统一，这与当时的国家利益是相符合的，在合作化初期也符合农民互助合作的利益需要。集体化是以牺牲农民和农业利益为代价来支持工业的，满足了国家的利益需求，在工业化初步形成以后，在集体化的后期，主要在高级社和人民公社时期，个人利益与集体利益和国家利益的关系一度紧张，农民和农业利益牺牲过多，不利于农民生产积极性和农业生产力的提高，农民对个人利益的要求强烈，其主要的利益需求在于获得农地自主生产经营权。所以，在中国农村进行了自下而上的农地经营权的变革，主要内容为赋予农民土地经营权，农村土地两权关系由统一演变为分离，满足了农民对个人利益的追求，在一定程度上协调了个人、集体和国家的利益关系，促进了生产的发展。农村改革以后，我国不断发展和完善家庭承包制，赋予农民的土地经营权越来越完全，发展农地市场，促进农村土地经营权流转，取消农业税等，都是在保证和扩大农民利益的基础上进行的，都进一步协调了农民个人利益与集体利益和国家利益的关系，协调了农民利益与非农利益的关系。我们未来的改革也必然要考虑各利益主体间的利益关系，中国共产党所代表的是最广大人民的利益，社会主义中国要实现的是共同富裕，我们的生产关系和法权关系也必然以此为目的。我国农村土地两权关系既由利益主体间的利益关系来推动，又反映了各利益主体间利益关系的发展和变化，农村土地两权关系的核心在于利益关系。

二、农地两权关系与收益权和处分权

与所有制相适应的所有权决定了经济社会的性质，体现了生产资料的分配原则，经营权决定了生产资料的经营方式，收益权与处分权的关系取决于所有权与经营权的关系，在两权分离的情况下，反映了相关主体间的利益关系。当所有权与经营权统一时，收益权与处分权当然都归所有者所有；而当所有权与经营权分离时，收益权和处分权就要在所有者与经营者之间进行分配，而如何分配或分配的比例，则由生产力发展水平和生产资料所有制性质决定。

在封建社会地主土地私有制下，土地所有权归地主，农民租种地主土地行使一定的经营权，农民要向地主交纳高额地租，收益大部分归地主，农民留下的粮食常常不足以维持家人的生活，同时，还要给地主做苦工。而对于土地的处分权也大部分归地主，农民不可能把地主的土地卖出去，农民租种土地是为了维持生活，通常也不能把租来的土地再转租出去。在资本主义社会生产方式下的生产资料的经营采取明显的两权分离的方式，包括资本和土地。作为所有者的地主将土地出租给租地农场主，租地农场主对租来的土地具有经营权，在这块土地上生产什么、如何生产等都由租地农场主决定，作为土地所有者的地主享有剩余索取权，取得租地农场主支付的地租，包括绝对地租和级差地租Ⅰ，而租地农场主获得平均利润和级差地租Ⅱ，体现了收益权在所有者和经营者之间的分配，两者的收益均来自农民创造的剩余价值。资本主义社会下的土地经营者对于土地的处分权较之封建社会大大提高，地主将土地出租后，只拥有最终处分权。

在新中国成立前的封建土地私有制的社会形态下，中国的农地两权分离，具有封建社会土地所有权关系的基本特征，同时又受到官僚资本主义剥削和帝国主义侵略的影响，农民的收益比一般的封建社会制度下更加少得可怜。新中国成立以后，农民土地个体所有和个体经营时，农地两权统一，农民具有完全意义上的所有权，农民对土地的生产经营具有决定权，土地出租时享有完全的收益权，并且有权利处分自己的土地，包括土地所有权的买卖。初级社形成了农地农民私有基础上的集体经营，两权开始分离，农民凭借土地所有权分红，具有索取地租的性质。从高级社开始到人民公社时期，农地集体所有集体经营，两权统一，收益权与处分权都归集体完全所有。家庭联产承包责任制实行以后，农村土地出现了集体所有权下的两权分离，农民要向集体上缴的集体提留，包括公积金、公益事业费、管理费和其他提留，具有地租的性质，是集体土地所有权在经济上的实现形式。而在农地经营权流转的过程中，农民享有与经营权相关的收益权，并且随着土地市场的发展，这种收益权体现得越来越明显。在家庭承包制的不断改革与完善中，农地的处分权越来越多地归经营者所有，只要在国家法律法规规定的范围内，农民具有相当大的经营自主权，可以以入股的方式从事规模经营，也可以将农地经营权依法抵押等。总之，在社会主义公有制基础上的农地两权关系分离的条件下，收益权与处分权更多的与经营权相关，所有者只具有最终处分权。

可见，在不同的历史时期，在土地所有权与经营权分离的情况下，生产力发展水平越高，收益权、处分权与经营权联系越紧密；生产力发展水平越低，收益权、处分权则与所有权越相关。在生产力较为低下的农业社会，土地是社会的核心资源，生产工具和农业技术都十分落后，农民付出的劳动多是简单劳动，土地在生产资料中居于重要的核心地位，谁拥有土地谁就拥有主动权，所以土地所有权在两权关系中就居于重要的地位，农地的收益更主要地和农地所有权联系在一起。资本主义社会是典型的工业社会，产业革命、技术革命给社会生产带来巨大的变化，资本是核心的生产资源，土地的地位次之，资本租来土地行使经营权，地主只凭借土地所有权行使剩余索取权，社会上形成资本家、地主和工人三大阶级，资本家和地主共同剥削工人，资本家获得平均利润，地主获得地租，与土地经营权联系在一起的收益权独立于土地所有权之外，与土地所有权没有直接关系。

在农地私有制下，所有权在两权关系中地位更高，表现为封建社会地主可以获得高额地租，资本主义社会租地农场主只能获得平均利润，而地主可以获得超额利润或垄断利润；在社会主义农地公有制下，经营权在两权关系中地位更高，表现为农民对于农地的经营权是平等的，在农地公有制和农民平均获得农地经营权的条件下，农业生产力的发展取决于农地经营权的具体实现形式，即通过农地经营权的流转实现生产效率的提高，而在流转过程中农民的收益也是与经营权直接相关的。

生产力发展水平越低，土地越私有化，利益主体间的利益关系就越不平衡，

奴隶社会中奴隶的地位低于封建社会的农民，封建社会农民的地位低于资本主义社会的工人，生产资料私有制形成了两大对立的阶级，各阶级都有自己的阶级利益，且利益关系是对立的，对立的结果是代表先进生产力的新兴阶级战胜代表旧生产力的落后阶级。而在社会主义土地公有制下，农民的地位是平等的，都是集体成员共同占有土地，个人与集体和国家在总体上具有利益一致性，不存在利益对立关系，但有时在一定程度上也存在着矛盾性，我国两权关系的不断改革就是要更好地协调三者之间的关系，在保证国家利益和集体利益的前提下，最大限度地实现农民个体利益，赋予农民更完全的土地经营权，土地收益权和处分权也越来越多地与经营权联系在一起。

本章小结

我国农地两权关系的演变是由生产力发展的客观要求决定的，主导生产力与其他生产力的关系、个体生产力与总体生产力的关系都决定着农地两权关系的演变。我国农地两权关系的演变在生产资料所有制的约束下，受经济体制的影响，政治上层建筑和意识形态对我国农地两权关系演变产生了重要作用，农地两权关系的核心是利益主体间的利益关系。生产力与生产关系共同作用，在生产力发展水平越低、生产资料私有制的情况下，所有权在农地两权关系中的地位更高，收益权、处分权也与所有权联系更为紧密；在生产资料公有制的情况下，生产力发展水平越高，经营权在农地两权关系中的地位越高，收益权、处分权与经营权的联系越紧密。

第四章 我国农地两权关系演变规律的形式

规律是现象背后的客观存在，所以要透过纷繁的经济现象总结经济规律，同时，由于多种因素的影响，规律在外在表现上总是复杂与多样的。

第一节 我国农地两权关系演变规律外在表现的复杂性

从自然界到人类社会，一切事物、现象之间及事物内部诸要素间都存在着普遍的、多样的联系，它们之间相互作用、相互影响、相互制约，经济现象更是如此。经济活动本身就是一个复杂的系统，现实世界的任何一项经济活动都受到多种因素的影响。我国农地两权关系演变规律是透过纷繁复杂的经济现象，通过理论研究得出的，在现实中，农地两权关系演变总是存在于一定社会背景下的，在某一特定时期，影响农地两权关系演变的要素都具有一定的特殊性，各种要素间也存在着复杂的相互影响。在农地两权分离时，由于土地要素的特殊性、地租形式的复杂性，以及我国农地两权关系演变的复杂性，导致我国农地两权关系演变规律所表现的经济现象就更为复杂。

一、土地要素的特殊性

从经济学的角度上来讲，学者们普遍把土地作为一种自然资源或自然力来理解，侧重于其是大自然赋予的东西，所以才有“劳动是财富之父，土地是财富之母”（威廉·配第）之说。土地作为生产要素投入生产过程，与资本和劳动这两个要素相比，最大的特点在于其不可再生性和不可替代性。土地是自然赋予人类的，不是人类自己可创造出来的，具有不可再生性。由于土地具有不可再生性，从而形成了土地在总量上是固定的。那么，在一定条件下，随着人类的发展，就会出现土地的稀缺性，并且这种土地供给的稀缺性也会越来越明显。对于农地资源更是如此，在土地总量一定的情况下，随着经济和城市的发展，城市占有的土地越来越多，而农用地则会越来越少。我国农用地的人地关系问题一直比较紧张，受生产力发展水平和农村人口数量的影响，农地的人地关系问题将一直是我国国民经济发展所面临的一个非常重要的资源约束问题。虽然土地在其自然属性上具有不可再生性，但从其功能上讲，土地的功能具有可再生性和永久性，当然，这种可再生性与永久性是相对的，取决于对土地的利用情况。可以通过对农用土地合理的利用，增加土地的生产力，若对土地实行破坏性利用，要想恢复其生产力也要经过更为漫长的时期。另外，土地在一定程度上具有不可替代性，西方经济学中所提到的产品边际技术替代是指生产要素之间可以通过相互替代而达到同样的产量水平，虽然我们现在发明了无土栽培等农业科学技术，但在目前的技术水平下，从总体上来看，土地几乎还是不可替代的，农用土地更是如此，人们只能通过各种方法来提高土地生产效率。除了以上两个自然属性以外，土地还具有位置的固定性和质量、等级的差异性，这就使不同的地块存在一定的差别，这个差别与社会因素相结合，对土地收益及土地价格都会产生重要影响。

由于土地是社会生产中不可缺少的生产资料，那么使用土地不仅涉及的是人与土地的关系，更关系到人与人的关系。对土地的占有和使用形成了不同的土地制度，是经济社会重要的生产关系的基础，特别是在农业社会中，土地是这个社会的核心资源，历史上的农民革命都是为了取得土地所有权。随着经济的发展与土地的稀缺性形成了土地所有权的垄断，也使得土地成为一种财产，即不动产。而这种财产权的相互关系，形成了土地收益的所有权基础，土地的权属关系主要有所有权和经营权，即我们所说的两权，在两权分离的情况下，就会产生地租。

由于土地要素的特殊性，使得农地两权关系演变规律的外在表现呈现出一种复杂性的特征。

二、地租形式的复杂性

当农地所有权与经营权的主体不同，即农地两权分离时，就会产生农业地租，地租是土地所有权在经济上的实现形式，是土地两权分离的标志。

地租本身就是一个较复杂的概念，马克思提出“地租是为了取得使用自然力或者（通过使用劳动）占有单纯自然产品的权利而付给这些自然力或单纯自然产品的所有者的价格。”① 地租包括级差地租和绝对地租两种形式，级差地租又分为级差地租Ⅰ和级差地租Ⅱ。级差地租Ⅰ是由于土地的差别（包括土地丰度、地理位置等），使投在同样面积上的两块土地的资本由于劳动生产率不同而产生不同数量的产品，而级差地租Ⅱ是连续在同一块地上追加投资由于劳动生产率不同产生而不同数量的产品，二者在实质上是一致的，都是由市场价值与个别价值的差额所形成的超额利润，级差地租Ⅱ只是级差地租Ⅰ的一种表现。绝对地租是与各类土地的肥沃程度所引起的不同劳动生产率完全无关的地租，“绝对地租是原产品价值超过平均价值的余额。级差地租是比较肥沃的土地上生产的产品的市场价格超过这种比较肥沃的土地自己产品的价值的余额”②。马克思称赞了亚当·斯密的贡献，说：“亚当·斯密觉得，土地所有者在一定情况下有权力对资本进行有效的抵抗，使人感到土地所有权的力量并因而要求绝对地租，而他在其他情况下就没有这种权力。”③ 马克思还进一步提示说：“如果最坏土地 A——虽然它的耕种会提供生产价格——不提供一个超过生产价格的余额，即地租，就不可能被人耕种，那末，土地所有权就是引起这个价格上涨的原因。土地所有权本身已经产生地租。”④ “土地所有者会……白白地把这些土地出租吗？绝对不会。投资者必须给他提供地租。只有支付给他租金，他才会把土地租出去。所以，市场价格必须涨到生产价格以上，达到 P + r，才能向土地所有者支付地租。因为按照假定，土地不出租，土地所有权就没有任何收益，在经济上就没有价值，所

① 马克思．剩余价值理论（第 2 册）［M］．北京：人民出版社，1975：275.

② 马克思．剩余价值理论（第 2 册）［M］．北京：人民出版社，1975：155.

③ 马克思．剩余价值理论（第 2 册）［M］．北京：人民出版社，1975：381.

④ 马克思．资本论（第 3 卷）［M］．北京：人民出版社，1975：851.

以，市场价格只要稍稍超过生产价格，就足以使新的最坏的土地进入市场。”①“农产品的价值超过它们的生产价格的余额，所以能成为它们的一般市场价格的决定要素，只是因为有土地所有权的垄断。”② 不同社会制度下，地租有不同的特征，资本主义地租来源于农业工人创造的剩余价值，是剩余价值的转化形式。

任何地租都是土地所有权在经济上的实现形式，只要存在土地所有权，就会产生地租，而所有权发展至今已不单单是私有权的范畴，这个所有权是与无所有权相对立的。在原始社会和未来的共产主义社会，是没有所有权的公有制，在奴隶社会、封建社会和资本主义社会是有所有权的私有制，在社会主义社会是有所有权的公有制。在奴隶社会制度下，各诸侯向国王交纳的贡赋具有租税合一的性质，地租形式表现不明显。在封建制度下，地主把土地租给农民经营，农民向地主交纳一定数量的地租，这种形式的地租在形式上是最完全和显而易见的，虽然其数量甚至超过了剩余劳动。而资本主义地租虽然实质上表现了资产阶级共同剥削无产阶级的关系，但其外在表现更具有隐蔽性，似乎与资本主义的利润混淆不清，其在数量上实际是超过平均利润的超额利润。

我们要用历史的方法来考察社会主义地租，新中国成立后我国农地的租、税、费一度混淆不清，究竟哪些属于地租，不能从其名目上看，而应看这项费用是否凭借土地所有权征收，这是前提、是基础层次。从这一层次来看，地租就具有非直接偿还性的特征，若一项收费不只是依据土地所有权征收的，如乱收费等；或收费具有直接偿还性，如集体收费用于修建公路等，都不属于地租。

所有权与使用权的分离是地租产生的直接原因，这种分离可以是横向的，发生在两个不同的个体经济主体之间；也可以是纵向的，发生在社会经济主体与个体经济主体之间。新中国成立后，我国农地的所有权与使用权的分离有横向的，不管是农地私有制期间还是集体所有制期间，主要体现在农户间土地使用权的转让。同时，我国更有农地所有权与使用权的纵向分离，在农地集体所有、家庭联产承包责任制时期，主要体现为集体与个人之间所有权与经营权的分离。家庭联产承包责任制实行以后，我国农村土地的所有权与经营权的分离是不完全的，土

① 马克思．资本论（第3卷）[M]．北京：人民出版社，1975：854.
② 马克思．资本论（第3卷）[M]．北京：人民出版社，1975：860.

地是集体所有，而个人也是集体的一员，当然对土地享有一定程度的经营权，因此所有权与经营权有统一性的一面，从统一性的层次来看，是不产生地租的，只是数量上相当于地租部分的超额利润归自己所有而已，这在性质上不能说成地租，也不能说地租归自己所有，“斯密在这里正确地说明了，在土地被占有的什么地方在什么情况下不支付地租。凡是一个人兼有土地所有者和企业主两种身份的地方‘往往是这样’”。同时，所有权和经营权又有分离的一面，在土地集体所有的情况下，具体是由农户直接经营，从这个角度来看，所有权与经营权又是分离的，虽然只是部分分离，不是完全意义上的分离，但不管分离的形式如何，只要存在分离，就有地租，只是产生的是部分地租，不是地租的全部，要把所有权与使用权相统一的那部分量上相当于地租的一部分而质上不是地租的超额利润给农户自己。所以，不能说地租在集体和个人之间分割，地租只是支付给集体的，个人得到的那部分是收益，不是地租。由于土地所有权而产生的地租是绝对地租，而个人又有一部分的所有权，所以，向集体支付的地租中存在部分绝对地租。而级差地租Ⅰ是由于土地的差别（包括土地丰度、地理位置等），使投在同样面积上的两块土地的资本由于劳动生产率不同而产生不同数量的产品，而级差地租Ⅱ是连续在同一块地上追加投资由于劳动生产率不同而产生不同数量的产品，二者在实质上是一致的，都是由市场价值与个别价值的差额所形成的超额利润。只要存在级差地租Ⅰ产生的自然条件（土地的差别）和社会条件（土地经营垄断），就有级差地租Ⅰ，并且应按照所有权关系划分其归属，在家庭联产承包责任制条件下，产生的部分级差地租Ⅰ归集体所有。级差地租Ⅱ应该是谁投资、谁受益，集体投资的部分归集体所有，个人投资的部分归个人所有，而在具体的分割上可以灵活运用，在税费改革之前，级差地租Ⅱ所产生的收益相当一部分被集体以各种名目掠夺。农业税取消以后，社会主义地租完全内化，地租以反哺农民的形式返给农民，是我国发展农业生产、提高农民生活水平、促进产业结构调整的政策性措施。初级社时期，也有农村土地纵向所有权与经营权的分离，地租是以分红报酬的方式实现的。

此外，依据绝对地租和级差地租产生的条件，在任何时期，只要存在农地经营权的转让，就会出现个体之间的横向地租关系，这个地租可能是由所有权带来的，也能是由与经营权相关的收益权所带来的，进而产生不同的地租形式。我国

旧社会的土地两权分离是横向的，地租的性质是封建主义的，地租额极高。土地改革后，我国农地两权关系基本上是两权统一的，也有个体之间的农地经营权的流转，但比较少，地租是小农经济性质的。家庭联产承包责任制以后，我们逐渐实行了农地流转的政策措施，土地市场也不断发展，使农地的经营权在个体间的流转越来越多，与土地经营权相关的收益权越来越得到体现，发挥了地租对于经济的调节作用。现阶段，农地所有权所应收益的绝对地租归农民所有，形成了地租的内化，而农民对于土地的经营权及经营权的流转，级差地租收益体现得越来越明显，即我国现阶段表现为农地所有权弱化、绝对地租内化及农地经营权强化、级差地租对于经济的调节作用不断增加。

总之，在土地两权分离时，土地经营者向土地所有者所支付的一定数额的地租，是几种不同地租形式的集合体，不同形式的地租来源相同，但形成的条件和原因不同。我国农村实行家庭联产承包责任制以来，由于集体所有制下的农地两权分离与统一并存，使得社会主义农业地租难以界定，并且，这些地租分别来自哪种或哪些形式的地租，也是难以判定的，这都使我国农地两权规律在外在表现上呈现出一种复杂性。

三、我国农地两权关系演变的复杂性

我国农地两权关系的演变从根本上来讲是由生产力的发展所决定的，并受生产关系和上层建筑的影响。不管是生产力、生产关系，还是经济基础和上层建筑，都存在于客观社会，其本身就是复杂的，加之它们之间的相互影响、相互制约，使得社会变革表现得就不是简单的，并且社会的发展常常受到多种其他因素的影响，这些因素有国际的也有国内的、有必然的也有偶然的、有政治的也有经济和思想的，这样就容易使社会变革中的一个部分——农地两权关系演变表现得复杂化。

从原始社会初期到母系氏族公社再到父系氏族公社，不仅人们对土地的占有观念经历了共有向私有的转变，在氏族生产上的劳动分工也逐渐发生转变，并且思想领域也开始出现了对首领的崇敬思想，出现了宗教的原始形态，这些都为私有制和阶级的产生与发展以及对后来的阶级统治奠定了重要的基础，也为土地的共占共用向王有下的两权分离做了必要的政治、思想准备。在奴隶社会向封建社会的过渡过程中，由于王权政治的弱化，各诸侯国的权势日益增加，土地所有权出现了下移，由王有向诸侯所有转变。而旧的奴隶制的剥削方式使村社农民大量逃亡，农业生产受到严重威胁，利益的驱动使各诸侯采用新的封建制的剥削方式。春秋战国时期的诸子理论的百家争鸣，也对经济社会的发展起到了一定的作用，所尊崇的不同的思想形成了不同的政治思想，政治结构的具体形式也有不同，对土地的政策也不同，不少国家都通过不同的命令或法律来改革当时的土地两权关系，直到秦的统一才实现了土地政策在全国范围内的一致性。而在漫长的封建社会中，各种变化更是复杂多样，法家、儒家、道家及宗教思想的形成与发展，对封建社会的不同发展阶段都产生过重要的影响，社会矛盾也随着封建社会的发展而越来越激化，土地兼并产生了大地主阶级，农民起义接连不断，新中国成立后，国家为了缓和矛盾，也对土地制度方式进行过多种改革，但都未能动其根本。漫长的封建社会政治、经济、社会的多因素变化，使得封建社会土地地主所有制下的农地两权分离关系表现得更为复杂化，我们只有从历史的视角，抓住本质及主要关系，才能看清这个时期的农地两权关系。

自新中国成立以来，中国处于不断变化的国际环境中，国内环境也几经变化，意识形态、政治、政策等因素都对我国农地两权关系的演变产生了重要的影响，才使得新中国成立后我国农地两权关系演变较为频繁，这与我国各时期所面临的政治、经济、国际社会主义、国际政治与军事关系等都有着重要的关系。虽然情况复杂，也走过弯路，但因为中国共产党坚持的是马克思主义，代表的是无产阶级，生产资料必须掌握在无产阶级手中，作为农民赖以生存的土地，自然应归广大农民所有。我们根据现实情况，在不同的历史时期找到了符合广大同民利益的土地所有制，并且为了更好地促进农业生产，采用了不同的生产资料与劳动者的结合方式，即实现了不同的农地两权关系。

生产关系的变革是采取革命的形式还是改革的形式，取决于社会各阶级主体力量及政治力量的对比情况，我国农地两权关系演变在不同的历史时期采取了不同的变革方式。在春秋战国时期的奴隶社会向封建社会过渡中，新兴的地主阶级通过革命（武装夺取政权）和变革（变法）两种方式夺取了国家政权，在政治上取代了奴隶主的统治地位，建立了土地国有制，并实现了土地国有制下的两权分离。秦统一六国后，发布了让国人上报所占有土地数量的命令，实际上从法律的层面上承认了社会中已经存在的个人对土地的所有权，是自下而上的变革。西汉初期，国家开始向各个阶层分配土地的所有权，同时伴随着土地买卖的普遍化，封建土地私有权在制度上得以确立和巩固，这显然是通过改革的道路实现的。

中国共产党的土地政策及其实现，同样根据不同的历史情况采取了不同的方式。中国的土地改革是通过阶级斗争的形式实现的，因为中国共产党没有足够的经济实力实现对土地的赎买，中国农民长时间受到三座大山的压迫，对土地的要求十分强烈，并且在中国共产党多年的努力下，中国农民的革命思想也越来越成熟和坚定，这都为以革命的形式取得农地所有权提供了条件。而新中国成立以后，中国历次的农地两权关系变革都是以改革的方式来实现的，这主要由于土地改革后农民成了土地的主人，中国共产党所进行的每一步的改革都是在坚持无产阶级是领导阶级的基础上的，没有了阶级利益冲突，只是在一些时期内，国家、集体和个人的利益关系矛盾没有处理好，没有严重的阶级斗争。并且，中国共产党的领导地位在中国已经非常牢固，可以通过政策的制定和实施来实现中国农村土地所有权关系的变化，这样就可以通过改革的方式来实现农地两权关系的变革，而变革的成功与否都要用生产力标准来加以衡量。

由此可见，无论是阶级社会还是社会主义中国，决定和影响我国农地两权关系的因素都是多样而复杂的，并且，在不同的历史时期，我国农地两权关系的演变是通过不同的变革方式来实现的，这些都反映了我国农地两权关系演变本身就是复杂的，从而使我国农地两权关系演变规律在外在表现上更为复杂。

第二节　我国农地两权关系演变规律外在表现的多样性

由于我国各阶段农地两权关系的实现形式多种多样、我国农地两权关系的统一与分离的关系相互交织、地租实现形式的多样化，导致我国农地两权关系演变规律在外在表现上又呈现出多样性的特征。

一、我国农地两权关系实现形式多样化

在不同的历史时期，我国农村土地的两权分离与统一是通过不同的形式来实现的。奴隶社会的土地两权分离是通过分封制和井田制实现的，与生产力发展水平相适应，同时通过国家政治制度作用于这种土地关系。封建社会的地主土地所有制首先由生产力的发展水平决定，而其在封建社会的形成和确立则是通过国家政权在制度上的承认和发展来实现的，而土地地主所有制下的两权分离，即土地与农民的劳动结合则是通过自然经济本身的机制来实现的，因为农民若不租种地主土地则无法生存，农民对地主存在着人身依附关系。

中国共产党在不同的历史时期实行了不同的土地政策，相应的不同的土地两权关系也是通过不同的方式来实现的。土地改革后，农村土地实现了农民对土地私有下的两权统一，是通过小农经济的经营方式来实现的，是自给自足的自然经济。新中国成立后中国通过合作化运动，中国农村土地两权关系实现了统一（农地私有制）—分离（农地私有制）—统一（农地集体所有制）的过程，分别通过互助组、初级社、高级社的形式来实现，表 4 – 1 将这几种形式作一比较。

表 4 –1　互助组、初级社、高级社比较

	互助组	初级社	高级社
土地所有权	私有	私有	公有
土地使用权	主要归农户私有，具体耕作时组员合作劳动	由社里统一经营和使用	由社里统一经营和使用
土地报酬	农户直接收获自己土地的产品	土地以入股的形式分得要素贡献报酬	初期可以得到报酬，半年后取消土地报酬
土地两权关系	土地私有制基础上的两权统一，开始产生低层次的分离	土地私有制基础上的两权分离	土地集体所有制下的两权统一

续表

	互助组	初级社	高级社
农具耕畜报酬	农户私有，计工分或工时与劳动相交换	农户私有，以入股的形式分得报酬	无偿归集体所有和使用，没有报酬
劳动特征	是私人劳动间的交换，劳动力在私有权下两权统一	具有直接社会劳动的性质，劳动力在私有权下两权分离	具有直接社会劳动的性质，劳动力在私有权下两权分离
产品分配	私有经济基础上的分配，组员之间相互交换私人劳动	按劳分配、按要素贡献分配相结合，具有集体经济和私有经济的双重特征	按劳动分配，具有完全意义的社会主义性质
是否存在剥削	私人劳动等价交换，但可用农具、耕畜等交换别人劳动	可以凭借土地、农具等数量优势占有别人劳动	没有剥削

由此可见，从互助组到初级社再到高级社，农地所有权经历了私有制向公有制的转变，而农地经营权的集体权力也是一个逐渐加深的过程，农地两权关系由私有制下的两权统一发展为私有制下的两权分离，再发展为公有制下的两权统一，是一个“统一—分离—统一”的过程。

家庭联产承包责任制在全国实行以后，中国农村土地两权关系由集体所有制下的两权统一发展为两权分离，经过了包产到组的生产责任制、包产到户的生产责任制、包干到户的生产责任制三个阶段，都是农地两权分离的具体实现形式，差别主要在于生产经营自由权的权限大小，及在产品的分配方式上农民收益与劳动效率的相关性大小，最后农地两权关系以农民具有较大经营自由权的包干到户（大包干）的形式确定下来。近年来，部分地区进行了农地制度的变革，都没有改变农地集体所有制下的两权分离，都是在其基础上的发展和灵活应用，实现了经营权流转的市场化，更大地发挥了农村土地的经济作用。

农地两权关系的实现形式之所以多种多样，主要在于各个时期农业生产力及国家整体生产力的状况不同，及各个时期的生产资料所有制不同，其他相关因素也都在不断发展变化，是农地两权关系演变规律在不同历史时期的具体外在表现，呈现了一种多样性的特征。

二、我国农地两权统一与分离的关系相互交织

我国农地所有权经过了奴隶主所有向封建地主所有、农民私有再向集体所有的转变，两权关系演变过程中出现了分离—分离—统一—分离—统一—分离的多次变换，在表现形式上呈现出反复回归式的发展特征，但实质上并不是简单的重复，不同时期的生产力发展状况和生产资料所有制及经济体制都存在着差异，我国农地两权关系的演变过程是一种螺旋式上升的过程，每一次演变或带来所有权的重大变革或带来经营方式的重大改变，其终究是在生产力基础上产生的一种生产关系的变革。

从各历史时期来看，我国农地两权关系的统一和分离一般都同时存在，这不只存在于社会形态交替时期，新旧生产关系同时并存时期，即使社会制度确立以后还是会存在两权关系统一和分离同时并存的现象。只是在一定时期内，农地两权关系的统一和分离所占的地位不同，有时两权统一占主体地位，有时两权分离占主体地位，并且一般来讲社会越发展，这种两权关系就越多样化。在奴隶社会土地王有制下，国王除了把土地经营权分给各分封诸侯外，还有一部分国有土地国家直接经营，即奴隶社会土地两权关系分离居于主体地位，但同时也存在着两权统一的关系。在封建地主所有制下，农地两权关系主要是两权分离，但也有许多两权统一的情况，如有些富农、中农也自己耕种一部分或全部土地，拥有小块土地的自耕农也自己耕种土地，但比例较小，这一时期的农地两权关系是以两权分离为主的。土地改革以后，我国农村实现了小农经济的生产方式，这种经济是一种自给自足的自然经济，但个体农户之间也存在农地租佃关系，有的因为生产资料或劳动力不足，没有能力耕种自己的土地，有的从事商业把土地出租出去，但这一时期农民主要靠耕种自己的土地生活和生产，出租土地的比例很小，农地两权关系是以农民私有权下的两权统一为主的。在互助组时期也是一样，只是在农地的具体耕作过程中实现了协作劳动，而自己土地的劳动产品还是归农户自己所有，所有权与经营权没有出现分离，只是在具体劳动过程中出现了一定的所有权与狭义使用权的分离。从初级社开始才真正进入了农地农民私有制下的两权分离，但这一时期，农户入社是靠农民自愿的，农民可以不入社，入社的农民也有

权利退社，这样农地两权关系在两权分离占主体地位的情况下，也存在一定的两权统一。高级社实行以后，我国农地所有权发生了本质上的变革，实现了农地集体公有制，并且在公有制下农地由集体统一经营，农地关系两权统一，农民也没有退社的自由，从总体来看，这是占主体地位的两权关系，但是那个时期，中国农村就出现了退社的热潮和包产到户的一些做法，虽然后来都被扼杀了，但也说明这一时期在农地两权统一下，也存在一定的两权分离。家庭联产承包责任制实行以后，通过实践和政策的不断变革，农地集体所有制下的两权分离的实现方式越来越多样化和灵活，显然，不管如何变化，都是在两权分离基础上的进一步具体实现，但也应同时看到，农地归集体所有，那么集体成员必然具有一定的所有权，从而在一定程度上，农地两权关系存在统一的一面，只是在现阶段来讲，由于各个体经济间的利益相关性及集体与个体之间的利益相关性表现极其不明显，部分存在的两权统一也非常弱化，没有真正地发挥应有的作用。

另外，在农地两权关系分离下，这种关系的分离呈现出多层次的实现方式。如奴隶社会，土地王有和诸侯间两权分离，但不管是国家直接经营的土地还是诸侯占有的土地，具体的耕作都是劳动人民，这又存在着较低层次的经营权内部的权力分离。同样，在我国现阶段，在农地经营权流转的过程中，农地两权分离的层次越来越多，并且在农业产业化发展的同时，对于农地的真正的经营理念越来越得到体现。

总之，我国农地两权关系不仅时而分离、时而统一，而且在同一历史时期，两权分离与统一也同时存在，并且相互交织，在两权分离时，横向分离与纵向分离又交织在一起，这些都使我国农地两权关系演变规律在外在表现上呈现出一种多样性。

三、地租实现形式的多样化

只要存在农地两权分离，就会存在地租，地租是土地所有权在经济上的实现形式，生产力的发展，会促进新的地租形态的产生与发展，不同的生产力发展水平下，地租形态组成不同，不同形态的地租的地位也不同。从历史上来看，在存在农地两权分离的社会中，先后出现过劳役地租、实物地租和货币地租三种地租形态，这些地租形态有时会同时存在，每一种地租形态，常常也会以不同的表现形式存在，或者说经常以另一种称谓存在，或隐藏在另一种称谓中，使地租的实现形式呈现出多样化的特点，从而很难判定是否存在地租和地租额的大小。

社会主义地租尤其复杂多样。在税费改革以前，我国在农业部门一直征收农业税，而不同时期农业税的性质如何界定，究竟是税还是地租，一直以来学者们都有不同的看法。有的学者认为国家具有对土地的终极所有权，国家通过一系列的法律法规，限制了农地的经营使用权，所以农业税具有地租的性质。而有的学者认为，从国家这个政治主体性来讲，对任何资源都具有终极所有权，国家拥有至上的权力，应当被认为是可以通过各种形式取得任何物，所以国家的所有权也可以说无所谓有没有国家所有权，国家都拥有这样的能力，从这个意义上来讲，农业税就不具有地租的性质。而若农业税不是地租，那么是不是税呢？从征收对象上看，税收有流转税、所得税和财产税，而我们的农业税是针对农业生产用地征税，独立于税制之外，且农业税的计算所依据的农业收入并没有扣除相关成本，包括投入的生产资料和维持农户家庭生活的基本资料成本等，同时，对于农业征收的农业税，既没有起征点也没有免征额（《中华人民共和国农业税条例》规定的减免除外），若将农民人均纯收入同城市居民所得相比，按照所得税征收计算方法，一些年份农民纯收入都没有达到起征点。从纳税人来看，农业税的纳税人应是农地所有人，即应是集体向国家交，从这点来看高级社和人民公社时期确实是这样实行的，但家庭联产承包责任制之后，基本上由承包土地的农户向国家交税，即所说的“交够国家的”，这样来看，农业税不是税。若既不是地租也不是税，那么应该如何解释多年来我们征收的农业税呢，这要从我国国民经济发展的实际过程来看。新中国成立后我们就形成了工业化的目标，为了工业发展，我们牺牲了农业和农民的利益，而农业税的征收也采用与工业化目标相配套的措施，多少年来，对于农民来讲都是显失公平的，通过农业税的征收，为工业发展提供了巨大的资金积累，所以，可以认为农地集体所有权下的农业税是国民经济发展过程中的一种政策性措施。

在家庭联产承包责任制的条件下，农户需要向集体交纳“三提”、“五统”及各项费用。集体提留是集体土地所有者向作为土地承包者的农户直接收取的分成收益，包括公积金、公益事业费、管理费和其他提留，即“三提”。在家庭联

产承包责任制下，农地所有权与使用权存在一定程度的分离，这样，集体向农民收取的集体提留就有地租的性质，是集体土地所有权在经济上的实现形式，包括部分绝对地租、部分级差地租Ⅰ和部分级差地租Ⅱ。而“五统”指的是乡镇事业统筹费，包括乡村两级办学、计划生育、优抚、民兵训练、乡村道路修建和其他统筹费等，它是行政机关收取的“费用”，且具有直接偿还性，其性质属于财政性质，而非地租。同时，在农业税取消之前，在“三提、五统”之外，常常还有各种名目的收费、摊派等，其中有合理的，更有不合理的，均不属于地租的范畴。

以上分析的是纵向两权分离下的地租形式，在各个时期都存在一定的横向两权分离，包括早期农地私有条件下农户土地的租佃经营，集体所有制一定时期下的土地超额承包费、土地转包费、土地入股收益、国家征地补偿等，其实质都是一种农地经营权的转让，其收益也具有地租的性质，包含绝对地租和级差地租。

我国社会主义地租表现形式上的多样性，与我国农地两权关系实现形式的多样性有关，不同时期下，不同的经营组织形式，出现不同的地租形式，即使是在家庭联产承包责任制以后，地租也会以不同的方式实现或内化，其变化总是多样的。从“十五”之初，我国就开始取消“三提五统”等税外收费，开始了以减轻农民负担的农村税费改革，从试点到全国层层递进，在2005年末以法律的形式将免除农业税的政策固定下来，从2006年起，我国实现了全面取消农业税。这样，交给集体的部分绝对地租和级差地租从形式上没有了，但这只是地租的一种内化，是一种惠民政策，而级差地租Ⅱ的收益则由于这些惠民政策激发了农民的生产积极性，并且都归农户所有，集体不再剥夺。土地流转及土地市场的发展也都极大地发挥了级差地租Ⅱ的作用，使与经营权直接相关的收益权表现得越来越明显。但是同时可以看出，税费改革后，与所有权相关的绝对地租和级差地租从形式上都不用交了，又会带来一系列的新问题，农地所有权的经济实现形式没有了，使得集体权能更加缺位，集体与个体之间的利益关系无法体现。

总之，历史上三种形态的地租先后登场，依次在不同的历史时期成为主角，并且有时也会同时存在，而社会主义地租更是复杂多样的，在社会主义社会农地两权分离的条件下，租、税、费并存及农业支持政策的出台，使地租及地租额很难界定，这使我国农地两权关系演变规律在外在表现上更为多样化。

本章小结

在农地两权分离时，由于土地要素的特殊性、地租形式的复杂性以及我国农地两权关系演变的复杂性，导致我国农地两权关系演变规律的外在表现更为复杂化；由于我国各阶段农地两权关系的实现形式多种多样、我国农地两权关系的统一与分离的关系相互交织、地租实现形式的多样化，导致我国农地两权关系演变规律的外在表现更为多样化。

第五章 我国农地两权关系演变规律的作用

任何经济规律都是经济现象之间内在的、本质的、必然的联系，人们对于经济规律的认识都有一个从不认识到认识的过程，发现客观规律并利用好经济规律可以促进生产力的发展，调节人们的经济关系。本章将从各阶段我国农地土地两权关系变革的结果出发，验证经济规律的作用，充分证明农地两权关系符合这一规律时，对生产力发展和经济关系调整起到了正向作用；违背这一规律时，对生产力发展和经济关系调整起到了负向作用。

第一节 促进或阻碍农村生产力的发展

农地两权关系的演变是由生产力推动的，反过来，农地两权关系势必会对生产力、特别是农村生产力产生重要影响。从整个历史视角来看，我国从原始社会到奴隶社会、封建社会、社会主义社会，社会的演化是进步的，生产关系是随着生产力的发展而不断进步的，当然农地两权关系的演变也是一样，都是一种不断进步的趋势，从整体上看，对生产力的发展起到了促进作用。而在一定的社会制度下一些具体时期来看，不同的时期农地两权关系对生产力发展的作用是存在差异的，本节主要分析中国共产党领导的各个时期土地政策及其相适应的农地两权关系对生产力发展的作用，力求能够验证农地两权关系演变规律，并从中得到一定的启发，以利于未来的农村土地制度改革。

我国农地两权关系对生产力的发展、特别是对农业生产力的发展起到了巨大的促进或阻碍作用，农地两权关系通过农地所有权影响生产资料的投放方向和投入数量，通过所有权和经营权的关系所决定的人与人之间的地位关系，影响农业劳动者的生产积极性、主动性与创造性。当农地两权关系符合规律时，能提高农民的生产积极性、提高生产资源的配置效率、协调好各种利益关系，进而促进农村生产力和国民经济的整体发展，若违背经济规律，则相反。

一、土地改革后的农业生产

中国共产党领导的土地革命，使农民平均分得了土地，农民变成了自耕农，农村土地由旧中国的封建地主所有制变为农民私有制，经营方式由租佃经营基础上的小农经济变成个体经营基础上的小农经济，农村土地两权关系统一。农村土地两权关系的这一变化符合了广大农民要求土地所有权的利益需求，促进了既是经营者又是劳动者——农民的生产积极性。

土地改革以前的农民没有土地所有权，租佃地主的土地进行农业生产，向地主交纳高额地租的同时，还受帝国主义和官僚资本主义的剥削，农民的生产和生活条件极端恶劣，农民迫切要求能够拥有自己的土地。在封建制度下，农民对土地的斗争一直都没有停止过，而半封建半殖民地的社会制度下，面对的环境更为复杂，中国资产阶级已经不能够领导中国走上资本主义道路，只有中国共产党领导的新民主主义革命才能救中国，才能救中国的农民。中国共产党通过土地革命实现了农民“耕者有其田”的愿望，符合了广大农民的经济利益，通过消灭剥削阶级，中国农民的政治地位和社会地位也已经不可同日而语，农民的政治利益也得到了很大程度的实现，这些都极大地促进农民的生产积极性。多年战争的摧残严重地破坏了中国经济，加上国民党把大量资金都运往台湾，中国面临着资本短缺的经济状况，在中国现实生产力的情况下，只能依靠农民，依靠农业生产，满足农民对土地的需求，激发广大农民的生产积极性，实行小农经济的经营方式，用劳动来替代资本，以促进农业生产，恢复国民经济。土地改革的核心内容是所有制的变革，实现了农地农民私有制下的两权统一，小农经济的生产方式，使农民既是经营者又是劳动者，所以，只要提高了农民的生产积极性，农业生产

必然会得到提高。

国民经济经过一段时期的恢复以后，小农经济生产方式的弊端就逐渐显现出来，农村土地是平均分配的，一家一户的生产经营非常分散，不利于规模经营。家庭成员在农业生产中主要依靠的是成员内部分工，这种分工方式是一种自然的分工方式，不利于生产效率的提高。通过土地改革，除了农民分配了土地外，还把地主和富农多余的其他生产资料都平分给了农民，这样，本来数量就不多的农具和耕畜经过平分，使每家每户所得的生产资料非常少，每户平均耕畜不足1头，并且有的农户经历多年战争，劳动力也非常短缺，家庭单独生产能力非常低。小农经济的小规模的生产方式，与技术进步和农田水利基础设施建设等都存在着较大的矛盾，不利于生产力的提高。而农业合作化就可以在一定程度上解决上述问题，能够促进农业生产力的提高，有利于农民实现更大的经济利益。合作化除了符合农村生产力的发展和农民的经济利益外，还与当时的国家利益需求相一致，我国当时面临的政治、军事情况，要求我国实现工业化，特别是重工业的发展，这样合作化可以促进我国工业化战略的实行。另外，整个国家粮食供给短缺问题也要求通过农业合作化来实现，土地改革打破了旧的土地制度的同时，旧的粮食供给机制也随之消失，而新的粮食供给机制尚未建立起来，城市的粮食供给成为很大的问题。这些政治上、军事上和经济上的诸多问题都是我国当时涉及国家利益的问题，在特殊的历史时期，我们选择国家利益第一，同时，注意个人与国家利益关系的协调。合作化初期的互助合作组和初级农业生产合作社，就在越来越大的程度上解决了问题，既促进了农民生产积极性和农业生产力的提高，又很好地协调了个人利益与国家利益的关系，成为新中国成立初期中国经济发展中的一个非常重要的阶段，而这些都是通过农地农民私有制下，农地两权关系由统一不断走向分离来实现的，农民土地私有权不变，而经营权在尊重农民意愿的前提下，逐渐由集体统一使用。

从表5－1和图5－1数据来看，新中国成立初期农产品产量总体上都得到了提高，除了油料在单产上略有下降外，粮食和棉花无论在总量上还是在单位产量上都大幅度增加。新中国成立初期我国农业生产的农具和技术非常落后，在这种情况下，我国农业各农产品的耕作面积和产量在很大程度上都有所提高，主要依靠的是农民的生产和劳动积极性的提高以及耕作方式的适当变革，如简单的互助合作等，这些都是通过农地两权关系来实现的。

表 5－1　新中国成立初期部分农产品生产情况

单位：亿公斤，万公顷，公斤/公顷①

	粮食			棉花			油料		
	总产	面积	单产	总产	面积	单产	总产	面积	单产
1950 年	1324. 4	11466. 7	1155. 0	6. 9	378. 6	182. 3	29. 7	417. 7	711. 0
1955 年	1842. 8	13000	1417. 5	15. 2	577. 3	263. 3	48. 3	683. 7	706. 5
增量	518. 4	1533. 3	262. 5	8. 3	198. 7	81. 0	18. 6	266	－4. 6
增率（%）	39. 1	13. 4	22. 7	120. 3	52. 5	44. 4	62. 6	63. 7	－0. 6

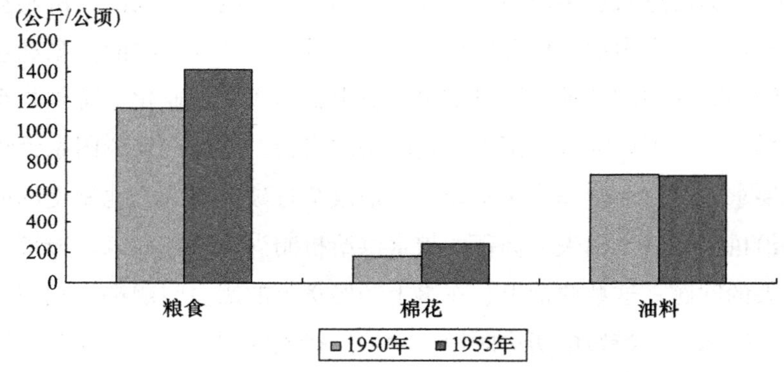

图 5－1　1950 年、1955 年农产品单产情况对照

我国土地改革和合作化初期的土地两权关系，都在重视农民个人利益的基础上，促进了农民经营和劳动积极性的提高，并且合作化初期的分工协作，克服了生产资料不足的弊端，提高了生产效率。总之，在新中国成立初期，农民获得土地所有权刺激了农民的生产积极性，而经营上的互助又提高了劳动效率，在其他条件都很恶劣的条件下，实现了在简单农业生产基础上的生产力的提高。

① 廖洪乐．中国农村土地制度六十年——回顾与展望［M］．北京：中国财政经济出版社，2008：44.

二、集体化时期的农业生产

中国的合作化运动与土地改革不同，这几乎是一种和平的改良，虽然中间夹杂着“阶级斗争”的味道。与前文提及的合作化的原因相对应，中国通过社会主义改造实现了农业经济的集体化，确实实现了相应的政治目的与经济目的。中国通过社会主义改造实现了社会主义公有制，完成了中国共产党革命的第二个目标，实现了社会主义革命的伟大胜利。通过这场规模宏大的合作化运动，彻底变农村土地私有制为集体公有制，实现了中国农村向社会主义的转变，建立了社会主义农业的经济基础，政治意义重大。

通过农业的合作化运动，使农业生产配合了国家的工业化路线，通过粮食“统购统销”制度和工农业剪刀差，中国农业为中国工业提供了巨大的物质积累，支持和推进了中国的工业化进程，农业合作化组织成为工业化和粮食“统购统销”制度的合理的组织形式。农民为国家及国家的工业做出了巨大的贡献和牺牲，农民不仅把自己净收入的7%以税收的形式交给国家，还将5%的部分以剪刀差的方式交给了国家[①]，形成了巨大的国家积累。农民牺牲了自己的利益，支持了工业和国家建设，使农民的收入增长相对较慢。表5－2是1957与1952年各经济指标增长情况。

表5－2　1957年与1952年各经济指标增长情况[②]

国民收入	农业产值	工业产值	非农居民人均收入变化		农村居民人均收入变化	
			收入增加	增加比例	收入增加	增加比例
153%	324.8%	128.6%	57元	38.5%	17元	27.4%

中国农业的集体化还对农业本身的积累做出了巨大的贡献，通过公积金和劳动积累的计划使用，促进了农业基础设施的建设，这些建设在生产力低下的情况

① 董志凯．三大改造对我国工业化初创阶段的两重作用［J］．中共党史研究，1989（1）：56－61.

② 邢乐勤．20世纪50年代中国农业合作化运动研究［M］．杭州：浙江大学出版社，2003：243.

下是私有经济无法做到的。合作化促进了农具、农业生产技术的改进，并大量应用于农业生产，产生了巨大的生产力，这也是小农经济不可能迅速实现的。在1956~1965年和1970~1978年的19年时间里，国家财政对农田水利建设和公社的支持年均14亿元，而集体的公积金达43亿元，是国家财政资助的3倍以上，[①]可以说，农民为农业基本设施建设和农民发展同样做出了巨大的贡献和牺牲。在农业的大力支持下，工业的发展也促进了农业的机械化水平的提高，农业集体组织自身的积累使水利建设加速发展，这些都共同促进了农业生产的加速发展。

从表5-3和图5-2可以看出，集体化时期中国农业产值的增加与农业机械化、化肥使用及水利建设等相关度都非常高。温铁军（2009）的研究还证明，集体化时期，水利建设由于人民公社的高度组织化使大量农民义务参加劳动，劳动成本很低；另外，农业为工业提供积累的同时，也促进了工业品的下乡，使农业生产中机械化加速增加，这与集体化时期的高度组织化及国家的计划分配都是相关的。所以，集体化确实解决了工业的问题，也为农业的发展起到了一定的作用，同时，实现了工农业产品的交换，这是我们无论如何也不能否认的。

表5-3　合作化各时期农业工具、技术投入及农业产值情况[②]

年份	农业机械总动力（百万千瓦）	化肥施用量（百万吨）	有效灌溉面积（百万公顷）	农业总产值（10亿元）
1952	0.18	0.08	19.96	41.70
1957	1.21	0.37	27.34	53.67
1962	7.57	0.63	30.55	43.03
1965	10.99	1.94	33.06	58.96
1970	21.65	3.51	36.00	71.63
1978	117.50	8.84	44.97	128.87
1979	133.79	10.86	45.00	138.63
各项工业品投入与农业总产值相关系数	0.9867	0.9928	0.9142	

① 廖洪乐．中国农村土地制度六十年——回顾与展望［M］．北京：中国财政经济出版社，2008：67.

② 温铁军．“三农”问题与制度变迁［M］．北京：中国经济出版社，2009：244-245.

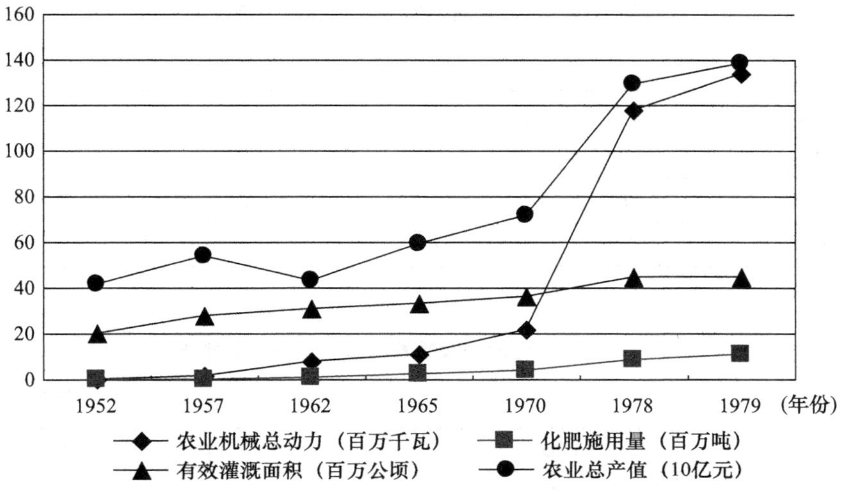

图5－2　合作化各时期农业工具、技术投入及农业产值情况

高级社和人民公社时期，通过高度组织化和国家的计划体制，对农业生产效率产生了双重作用，既有促进作用，又有阻碍作用。这些时期组织制度的弊端有很多，学者们大都提到了集体化的组织制度下监督成本过高，工分计量不合理，管理水平不高，制度不健全，平均主义的分配制度、用政治化来发展经济、生产队的经营自主权缺失等问题，导致集体和个人的劳动积极性都不高，阻碍了劳动生产率的提高，中国农民的奉献几乎到了底线，这些不合理的制度必须加以变革和完善，以促进农业生产力的提高。

从高级社开始以后，农地两权关系演变为集体所有制下的两权统一，在当时的生产力发展水平下，既不符合生产力的发展要求，也没有正确地处理好利益主体间的关系。从高级社开始，农民越来越失去了入社和退社的自由，不再尊重农民的利益，除了土地入社以外，其他生产资料和耕畜等也由于集体化而被剥夺了，农民不能再经营副业和手工业，并且在农地由集体统一经营的过程中，过分强调集体利益与国家利益，降低了农民的劳动积极性。集体所有制下的农地两权关系统一于集体，农民没有自主经营权，而集体经营既不符合生产力的发展要求，又由于制度和管理的不健全，并没有实现农地的有效经营。农民想经营而无权，集体有权而无力，这样，在集体所有制下，出现了集体经营效率与农民劳动效率的双重低下。

表 5－4　集体化时期部分农产品单产情况①

单位：公斤/亩

年份	小麦	大豆	谷子	油料
1955	57.5	53	75	47
1956	60.5	56.5	65.5	49
1957	57	52.5	68	40.5

表 5－5　集体化时期大牲畜与役畜数量变化情况②

单位：万头

年份	1955	1956	1957
大牲畜	8775	8773	8323
役畜	5571	5474	5368

总之，中国农业集体化时期，农地两权关系统一，支持了国家的工业化战略，符合新中国成立初期我国的国家利益，特殊历史时期出于个人利益服从国家利益的角度，农民利益在一定程度上遭到破坏。集体化时期的农地两权统一的关系，与当时经济体制及各种政策相一致，对生产力起到了双重作用，一方面，支持工业化的发展，促进了我国工业化战略的初步完成，同时，工业化的发展也促进了农业生产工具的进步和农业生产力的发展，但由于牺牲农民和农业的利益来支持工业化，又一定程度上限制了农民生产积极性的发挥；另一方面，集体化的经营方式，促进了农业水利等基础设施的建设，增强了农业抵抗自然灾害的能力，促进了农业生产力的发展，同时，又由于集体经营权的高度集中，农民没有任何经营自主权，又由于制度的不健全和管理水平的落后，使农民的劳动积极性降低，这些不利于农业生产的发展。

① 邢乐勤. 20世纪50年代中国农业合作化运动研究［M］. 杭州：浙江大学出版社，2003：227.

② 邢乐勤. 20世纪50年代中国农业合作化运动研究［M］. 杭州：浙江大学出版社，2003. 227－228.

三、家庭联产承包责任制以后的农业生产

从1978年开始出现包产到户开始，在短短的几年时间里，在全国就掀起了包产到户、包干到户的热潮，到1983年在全国普遍实现了包产到户和包干到户，而在两种形式中，农民们更愿意接受包干到户这种形式，实行包干到户的生产队占生产队总数的97.8%。

表5-6　包产到户、包干到户发展情况①

单位:%

1980年秋	1981年底	1982年夏	1983年底
20	50	78.2	99.5

这次改革与土地改革和合作化运动在变革形式上有所不同，土地改革是一种革命式的变革，集体化是一种和平的但后期是违背农民意愿的改革。而20世纪80年代中国农村的改革是农民自发、自愿促成的一种自下而上的改革，更加代表了生产力的发展要求。表5-6数据表明包产到户和包干到户发展速度极快，这是由于农民自愿，适应生产力的发展要求，与快速建立高级社及人民公社时的高速度具有不同的意义，20世纪80年代的农村改革是顺应民意的，是中国历史上一次极其重要的改革探索。

家庭联产承包责任制是农地集体所有制下的两权分离，农地所有权依然归集体，没有改变所有制的社会主义公有制性质，而使用权却归农户家庭所有，各承包家庭具有独立的经营自主权，生产的产品除交归国家和集体以外，全部归农户所有。新中国成立后中国农业生产得到一定程度的发展，虽然我们加强了农田水利建设，工业化的发展也促进了农业生产工具的进步，但农村生产力还是十分落后，小农经济的生产方式终归是与这种落后的生产力状况相适应的，集体经营的条件尚不成熟。家庭联产承包责任制实行以后，较之集体化时期，农民获得了土

① 武力，郑有贵．解决“三农”问题之路［M］．北京：中国经济出版社，2004：611.

地的经营自主权，农民可以自己决定生产什么以及如何生产；在产品的分配上，“交够国家的、留足集体的、剩下全是自己的”体现了按劳分配的原则，克服了过去的平均主义，这些都符合广大农民的经济利益需求，促进了农民生产经营积极性和劳动积极性的提高。这一时期是农民收入增长最快的时期，农民年均收入实际增长率15.1%，农村贫困人口大大减少，由33.3%下降到11%，并且农民获得了土地的经营自主权，与我国经济体制改革也是相适应的，这种农地两权关系促进了农村市场经济的发展，农产品的商品率得到大幅度提高。表5－7是1978～1984年我国农产品产量增长情况。

表5－7　1978～1984年农产品产量增长情况①

年份	粮食	棉花	油料
1978	3亿吨	217万吨	522万吨
1984	4亿吨	626万吨	1191万吨

家庭联产承包责任制实行以后，农村生产在得到飞速发展的同时，也出现了一些弊端和局限性，所以，我们不断改革这种承包制度，以不断促进生产力的发展。20世纪80年代农村改革以后，农民除了交够国家和集体以后，农产品都归自己所有，但是，农民负担重的问题也越来越凸显，农民除了交农业税、“三提”、“五统”之外，还要交大量的非正常的费用。这些费用占总数额比重越来越大，致使出现了种地要赔钱的现象，这严重侵害了农民的经济利益，再次出现了国家、集体、个人之间的利益矛盾，严重影响了农民的生产和劳动积极性，从而导致了农地撂荒的现象，不利于农业生产的发展。所以，我们在完善家庭联产承包责任制的过程中，越来越注意农民负担问题，最后于2006年全面取消了农业税，农民种地不再交任何钱，反而还可以得到补助，这等于把集体征收的地租都内化给了农民，是在政策上支持农业发展，解决了农民负担重的问题，再次重视了农民的经济利益。这样，虽然政策更加弱化了农地所有权的地位，弱化了基

① 韩俊．中国经济改革30年：农村经济卷（1978～2008）［M］．重庆：重庆大学出版社，2008：34.

于所有权所应得的收益权，也弱化了集体层面的经营，所谓双层经营其实主要是农户经营，但确实在一定时期内极大程度上促进了农民的生产积极性和劳动积极性。除了出于解决农民负担问题而取消农业税，对家庭联产承包责任制作一定发展外，农地承包经营权的流转是农地两权关系的进一步变革，农地承包经营权的流转使农民所拥有的农地经营权越来越深化，也可以在一定程度上解决小农经济与市场经济的矛盾，促进农地规模经营和农业产业化的发展，同时，也使农民基于农地经营权而产生的收益权和处分权表现得越来越明显，农民的利益越来越明显，农地两权关系在实践中表现得更为灵活。总之，家庭联产承包责任制实行以来我们所制定的一切完善和发展的政策措施，都是在不断地使农地两权关系更加符合农地两权关系演变规律，更加适应生产力的发展，更加符合农民的经济利益，促进国家、集体和个人利益的和谐发展。

第二节　农地两权关系实质是以技术为基础的人与人之间的关系

在农业生产过程中，农地两权关系反映了由哪些主体占有农地这种生产资料，劳动者与土地以什么样的方式相结合，以及劳动成果如何分配。所有权是农地两权关系的基础条件，正如所有制是生产关系的基础一样，农地归谁所有决定了农业生产关系的其他方面。劳动成果的分配是建立在生产资料分配的基础之上的，在一定的所有权基础上，农地以什么样的经营方式组织生产，即农地两权关系决定了劳动成果的分配问题，而这些都进一步影响着劳动生产率。这些问题归根结底都是由生产力的发展水平决定的，生产力的发展水平又取决于生产的技术水平，具体表现为用什么样的生产工具来生产，生产工具越先进就越有利于促进生产社会化的发展，促进生产方式的发展和变革，促进农地经营权的变化。生产力发展到一定程度，农地所有权就会发生质的改变，从而产生在新的所有权基础上的所有权与经营权的关系。农地两权关系是一种生产关系，是人们在生产中的人与人之间的关系，在一定的生产关系下，又会产生其他相应的社会关系。所以，农地两权关系实质上是以技术为基础的人与人之间的关系。通过认识和利用农地两权关系演变规律，可以帮助我们辨别人与人之间的关系，在实践中把握这一经济规律，则会更好地协调人与人之间的关系，在促进农业生产的基础上，实现社会关系的协调发展。

一、认识和协调主体力量间的利益关系

利益是生产力和生产关系的联结点，生产关系的核心在于社会各主体力量间的利益关系，而农村土地两权关系直接地表现了所有者及经营者之间的权利与利益关系，也表现了社会中的人与人之间的经济关系。

中国奴隶社会实行的是分封制，国王向诸侯分配土地并收取贡赋，一方面反映了国王和各诸侯之间的等级关系，另一方面还反映了他们作为奴隶主阶级共同占有土地，剥削劳动者。在奴隶社会，国王不仅有权向诸侯分配土地，还有权分配劳动者，虽然中国奴隶社会同欧洲奴隶社会不同，奴隶具有农民和奴隶双重身份，但广大劳动者是被剥削者却是不争的事实，村社农民基本上是完全无自由的。总之，中国奴隶社会的土地两权关系是建立在等级君主制基础上，通过井田制来实现，它既反映了统治阶级内部之间的利益关系，也反映了两大对抗阶级之间的利益冲突。

社会制度的更替、新旧生产关系的较量在于各个集团对于自身利益的争取，奴隶社会向封建社会过渡再到封建社会建立，土地所有制经历了由王有向诸侯所有、国有、地主私有的演变，最后才确立了封建生产关系，这一系列的演变都反映了各利益主体间的利益关系，最后代表新生产力的新兴地主阶级取得胜利，夺取了国家政权实现了其政治利益，并且通过一系列的政策变革以满足他们的经济利益。在封建社会土地地主所有制下，土地归人口数量占极少数的地主所有，广大农民无地或只有小块土地，在生产资料的占有上极其不公平。生产资料占有的不公平自然导致生产成果分配的不公平，在封建租佃的农地经营方式下，表现为农民付出辛苦劳动，地主不劳而获，并且获得相当多的劳动成果，劳动与劳动成果的分配极其不对等，地主因其有土地所有权而享有剩余索取权，从而占有大量农民创造的劳动果实。这些都反映了一种封建剥削的关系，即地主剥削农民。同

时，由于农业社会手工业不发达，社会生产以农业生产为主，农民除了租种地主土地受其剥削外，别无他法，从而产生了农民对地主一定程度上的人身依附关系。国家和法律所承认和保护的地主土地所有权都是符合统治阶级利益的，都是为了保证地主阶级能够长期、无偿地剥削农民，地主与农民之间在封建地主所有制的两权分离关系下形成的是一种占有上的不公平及劳动剥削关系。

在资本主义社会中，地主占有土地，资本家占有资本，工人一无所有，资本家向地主租入土地进行规模化的农场经营，雇佣农业工人进行生产劳动，在产品分配上，农业工人只获得相当于生产力价格的工资，而工人创造的剩余价值则在地主和租地农场主之间进行分割。同时，由于农业的资本有机构成较低，受平均利润率规律影响，租地农场主获得的收益相当于平均利润及级差地租Ⅱ，而地主获得的收益相当于绝对地租和级差地租Ⅰ，说明地主和资本家不仅剥削为自己劳动的工人，还共同剥削全体工人。土地和资本占有上的不公平决定了生产产品分配上的不公平，资本主义生产方式决定了地主和资本家共同剥削工人的关系，地主、资本家和工人存在着利益对立的关系，由利益冲突从而会形成阶级冲突，引发社会变革。

在社会主义社会中，包括土地在内的生产资料应该共有共用，产品按劳分配，社会中没有利益冲突，人与人之间的利益关系应该是互惠互利的，不存在利益对立关系，但国家、集体、个人之间也会存在利益冲突，我们的农地两权关系就要尽量实现三者利益的一致性，协调三者的利益关系。

新中国成立后我国农村土地两权关系的变革由生产力决定，但情况较为复杂，是在生产力较为落后的情况下的变革。土地改革前，农民的经济地位极其低下，不仅受封建地主阶级的剥削，还受帝国主义和官僚资本主义的剥削，生活极端困苦，在封建主义的经济关系下，农民几乎没有社会地位或政治地位。中国既没有成熟的资产阶级也没有民主革命的环境，中国革命只能走由无产阶级领导的新民主主义革命道路，只能依靠广大贫苦的人民群众来取得革命的胜利，在农村就要依靠广大农民，而农民所迫切渴望的是土地的所有权，经济上不再受各种盘剥。在中国共产党的领导和政治教育下，中国农民的革命觉悟也越来越高，要求经济地位的平等，也要求政治地位和社会地位的平等，这样，中国土地改革通过农村土地所有权的变革，不仅实现了广大农民经济利益的要求，也推动了农民社会地位及政治地位的提高。

在生产力较低的国家建设社会主义，即在我国的社会主义初级阶段，不适宜搞农地的公有公用。经过我国20世纪50年代的合作化运动，中国农村进入了集体化的经营方式，在这种经营方式下，一度没有搞好国家、集体和个人之间的利益关系，过分地侵占了农民的利益，影响了农民的生产积极性，对农业生产力造成极大的消极影响。说明在生产力不发达的社会主义公有制下，国家、集体和个人之间在利益关系上既有统一的一面，又有对立的一面，只有处理好三者之间的关系，才能促进农业生产的发展和国民经济的发展。而我国农村20世纪80年代的改革，正是通过农地两权关系的变革，很好地处理了三者之间利益关系，促进了农业生产力的提高。在家庭联产承包责任制实行以后，也出现过三者之间的利益关系的冲突，如农业税的税率问题、集体乱收费问题等，在我们不断完善家庭承包制过程中都得到了一定程度的解决，并于2006年全面取消了农业税，除此之外，还对农业生产给予直补政策支持，把农民利益放到了第一位。国家对农民经济利益的重视，与我们党和国家的性质是一致的，作为无产阶级政党所代表的就是无产阶级的利益，应把无产阶级的利益放在第一位，经济地位提高，才能保证政治上是当家做主的主人。

由此可以看出，新中国成立后我国农地两权关系的变化，是围绕着各主体力量之间的利益关系展开的，从农民无所有权到有所有权，从农地私有权到集体所有权的发展，体现了农地经济地位的提高和社会地位的提升。在公有制下，从农民无经营权到有经营权，再到经营权的越来越完全和灵活，体现了在国家、集体和个人的利益关系上，我们越来越注重农民的个人利益，即越来越实现了纵向利益的向下集中，使农民越来越感觉到自己在经济上和社会上的当家做主的地位。总之，我国一定时期的农地两权关系，既体现了社会各阶级、各阶层之间的横向利益关系，又反映了国家、集体和个人之间的纵向利益关系。而农地两权关系演变规律的重要作用，在于帮助我们认识不同时期的各利益主体间的利益关系，在调整农地两权关系中，注意更好地处理好这些关系，促进农业生产的发展。

二、反映和影响阶级关系的变化

在一定生产力发展的基础上，在人与人之间利益关系的基础上，必然产生一定的阶级关系，经济关系决定阶级关系，经济地位决定社会地位。阶级不是本来就有的，它是生产力发展的产物，是与一定的生产方式相联系的。在原始社会生产极其低下时，人们共同劳动共同消费，没有剩余产品，不存在人剥削人的关系，也没有阶级。当劳动产品开始出现剩余，交换活动开始产生，氏族制开始瓦解，私有制逐渐产生，就出现了人剥削人的关系，也就出现了阶级。随着社会分工的产生和发展，阶级关系也不断发展，剥削阶级发展到一定阶段就会被消灭，被无产阶级专政的社会主义社会的无阶级对立的关系所取代。所以阶级的产生必须以一定的生产力发展作为基础，只有生产力发展，生产有剩余，才会产生阶级。同时阶级的发展和灭亡也必然由生产力的发展决定，只要生产力没有得到极大发展，即生产力的发展没有达到极度发达的状态，阶级就会存在，而最终也必然会随着生产力的极大发展而退出历史舞台。阶级的本质是由生产资料的占有关系而决定的社会地位，在一定的生产力基础上，生产资料归谁占有，决定了这一社会生产关系的基础，决定了这一社会的各阶级的地位，决定了在这一社会制度下，是否有剥削，谁是剥削阶级，谁是被剥削阶级。阶级具有“自在”和“自为”的特征，当社会经济发展的客观条件已经成熟，若处于同一地位的人们没有形成共同的意识，也没有统一的政治组织，那么这个阶级就是“自在”的；若这些人具有了共同的意识和政治组织，那么这个阶级就是“自为”的。从“自在”到“自为”是一个突破性的发展，无产阶级作为“自在”阶级时，没有共同的意识，也没有认识到自己的历史任务，不能取得革命的胜利，只有将“自在”阶级发展为“自为”阶级之后，才能在政治组织的领导下，统一地、自觉地为自己的经济地位和政治地位而斗争，从而才有可能取得斗争的胜利。在经济关系之上，人与人之间还有很多错综复杂的关系，但阶级关系始终是阶级社会中一个最基本的社会关系，分析社会中人与人的关系，必然要在经济关系基础之上，分析各阶级地位和相互关系，阶级关系是政治关系和意识形态关系的基础。

中国奴隶社会和封建社会是典型的阶级社会，农地两权关系反映了统治阶级对被统治阶级的剥削与压迫。半殖民地半封建社会，我国阶级成分复杂，剥削阶级的种类复杂多样，农民作为无产阶级受“三座大山”的剥削和压迫。农民阶级本身固有的特征决定其不能作为领导阶级领导中国革命走向胜利，中国的资产阶级也不能够领导中国走向资本主义道路，中国革命必须以无产阶级作为领导阶级进行新民主主义革命，团结一切可以团结的力量来取得革命的胜利。通过多年理论与实践的探索，中国共产党逐渐形成了成熟的土地革命路线，经过艰苦卓绝的斗争，领导中国农民完成了土地革命。土地革命是为了解决抗日战争以后中国社会的主要矛盾，即由原来的中日民族矛盾变为阶级矛盾，中国共产党领导中国农民通过阶级斗争的形式进行土地革命，新中国成立后为了保证全国土地改革的顺利展开，中国共产党制定了《土地改革法》，并发布了《关于划分农村阶级成分的决定》和《关于划分农村阶级成分的补充决定（草案）》，各地区依靠贫雇农、团结中农、中立富农、最大限度地孤立地主，领导和发动人民群众取得了革命的胜利。正确地认识中国农村的阶级状况及阶级关系，促进了土地革命的胜利实施。同时，土地革命也引起了中国农村阶级状况的重大改变，农村土地基本实行了平均分配，中国农民平均占有土地，基本变成了自耕农，农民不再受剥削，剥削阶级作为一个阶级被消灭了。这些农村阶级状况的变化都是通过农地两权关系的变革来实现的，中国农村土地两权关系也反映了中国农村阶级的变化情况。

随着生产的发展，中国农村的土地租佃和土地买卖有所增加，一些地区出现了新式富农，有了新的剥削形式，有的学者认为中国农村阶级出现了中农化的趋势。小农经济的土地经营方式，容易使土地走向兼并与集中，这样，中国农村阶级成分就会进一步发展，容易向封建主义复辟，与生产力状况等其他因素相结合，中国农村走向合作化的道路也是历史的选择。通过中国农村的合作化运动，使我国农村土地两权关系发生历史性的变革，所有权与使用权都归集体统一所有，农民由个体农民变为集体农民，与剥削阶级对立的中国农民阶级已经消失了。但农民阶级本身还存在，只是中国社会的阶级对抗关系消失了，阶级差别虽然存在，但不再是对立的关系，根本利益是一致的。作为集体农民在农业生产中的关系，主要体现为国家、集体与个人的关系，处理好国家、集体与个人之间的关系，才能促进生产力的发展。中国农村在合作化的过程中，一度没有处理好三者之间的关系，平均主义与政社合一等，都严重地限制了农民的生产积极性。通

过包产到户的形式把农地经营权交给农民，正好解决了这一问题，符合中国生产力的发展要求，中国农地两权关系又发生了变革。家庭联产承包责任制实行的方式，是在集体所有权的基础上，把农地经营权平均地分给农民所有，保证了中国农民的阶级地位没有发生变化。

由此可见，我国农地两权关系的演变与农村阶级关系的变化是相联系的，我国农地两权关系反映了农民的阶级地位及与各阶级的阶级关系。在农地两权关系中，所有权更直接地表明了农民的阶级地位，农地是否归农民所有，直接决定了农民阶级是否被剥削；而在公有制的两权分离的情况下，经营权如何分给农民也影响着农民的经济地位和经济关系。中国共产党是无产阶级的政党，社会主义必须实行人民民主专政，中国共产党和社会主义中国的性质都决定了我国农村土地两权关系的变革首先要考虑公平的原则，即农民的经济地位与阶级地位的问题，在此基础上，通过经营权的灵活实现，促进农业生产效率的提高。

三、反映和影响城乡关系、工农关系

中国长久以来就是一个以自然经济为主体的封建大国，近代以来，中国产生了资本主义的萌芽，资本主义经济与封建经济并存，外国帝国主义通过现代工业的方式来侵略与剥削中国，形成了近代工业与传统农业并存的现象，半殖民地半封建社会的中国受封建主义、帝国主义和官僚资本主义的三重剥削和压迫。旧中国经济发展极不平衡，毛泽东曾指出："微弱的资本主义和严重的半封建经济同时存在，近代式的若干工商业都市和停滞着的广大农村同时存在……若干铁路航路汽车路和普通的独轮车路，只能用脚走的路和用脚还不好走的路同时存在。"

新中国成立以后，我国要想在国际上站住脚，就必须发展自己的工业，而重工业是经济发展的重要指标，我国发展重工业是一个必然的历史选择。苏联和东欧一些国家对我国实行了项目援助，使中国具备了发展重工业的外部条件。新中国成立初期中国生产力状况极其落后，农业部门是国民经济生产的主要部门，生产力发展非常落后，小农经济的生产方式限制了农产品的商品化和市场供给，更重要的是严重不符合中国工业化的发展战略。所以，在外部条件具备的情况下，在内部进行了经济体制的变革，主要是实行了农村的集体化运动和建立高度集中的计划经济体制。这些政策之间都是互相联系的，在农村主要表现为农村土地两权关系的演变。新中国成立初期我国通过农村土地所有与经营的高度集体化、粮食的统购统销政策的计划经济体制，形成了农业支持工业的工农业关系和城乡关系。制度和政策实行以后，我国的工农业生产的增长速度产生了巨大差异，从1956年开始工业生产总值超过农业生产总值，改革开放以前，工业的平均增长速度是农业增长速度的三倍还多，这一方面符合工业发展初期的基本规律，另一方面与我国工业化战略发展的相关制度有关，与计划经济体制相关的、农地两权高度统一于集体的土地制度，则起到非常重要的作用。中国二十年的农村土地集体化，保证了中国工业化的初步发展，中国农业和农民都为此做出了巨大的牺牲，但对农业生产力的限制性影响越来越明显，国家、集体和个人的关系以及工农业关系的矛盾性也越来越突出。20世纪80年代中国经济体制改革起源于农村，在农地集体所有制下，农民获得了土地的经营自主权。这一改革极大地促进了农民生产积极性的提高，农业劳动生产率年均增长5.22%，逐渐缩小了工业与农业、城市与乡村的经济增长速度，由改革前的3:1下降到1.85:1，但工农业生产上的差距还是很大，以总产值计算的工农业劳动生产率的差距呈现出逐渐加大的趋势，1987年工业劳动生产率是农业劳动生产率的10.09倍，而以国民生产总值计算的工农业劳动生产率的差距有逐渐缩小的趋势。[①] 总之，不管改革之后工农业生产的差距是否继续增大，差距还是存在的，并且总体上看差距很大。工业部门生产工具先进、技术进步、资本较为密集；而农业部门生产工具和技术落后，劳动力密集、资本短缺，资本有机构成很低。近些年来，国家出台了相关的政策措施，改善工农业关系，在农村中，不断完善家庭联产承包责任制、加快土地经营权的流转、建立土地市场、取消农业税等，都是农村土地所有权关系不断深化的表现。通过农村土地两权关系的不断变革，农业生产力水平提高很快，但小农经济的经营方式还是限制了农地的规模经营，技术水平和生产工具还是较为落后的，解决我国国民经济发展过程中的工农业发展不平衡问题，主要还应从改革农地经营方式入手，并做好相关配套措施的制定与实施。

---

① 本书课题组．我国城乡关系、工农关系发展趋势研究［M］．成都：西南财经大学出版社，1990：2-11.

总之，我国农地两权关系的演变，影响着我国工业与农业及城市与农村的关系，影响着我国农业生产力的发展，影响着我国在一定时期内，时而牺牲农业支持工业，时而工业反哺农业，在不同历史时期和不同的环境下，农地两权关系影响着工农业协调发展的问题。所以，我们有必要认识和利用农地两权关系的演变规律，适应社会发展不断变革和发展农地两权关系，以更好地调解工农业之间的矛盾，促进工农业、城乡的协调发展。

四、农地两权关系与公平和效率

两权关系反映的是在一定生产资料所有制下的生产经营方式，两权中的所有权与所有制相对应，是所有制的法律表现形式，反映了一个社会生产资料的占有情况，而经营权主要反映的是在一定的所有制下，劳动与生产资料的结合方式，受所有制和社会分工的制约与限制。所有权和经营权及两者之间的关系都与公平、效率问题密切相关。

所有权与生产关系的社会属性或经济制度的性质相关，是通过国家法律认可的生产资料的归属权，从生产资料的分配上来看，哪些人拥有生产资料的所有权，与社会的公平性更为相关。农村土地是私有还是公有，是少数人私有还是人均私有，是国家公有还是集体公有，都能够反映一国农村土地占有的公平性。而土地归谁所有，直接决定着农民的生产积极性，与所有制相适应的产品分配也直接影响着农民的劳动生产积极性，按劳分配能够将农民的生产积极性发挥出来，而平均分配会限制农民的生产积极性。所以，农地所有权会作用于农业生产力，影响农业生产效率，当然也自然就涉及了效率的问题。土地改革后，农村土地所有权经过了封建地主所有、农户私有、集体公有的演变，演变过程有的通过革命的方式实现，有的通过和平改革的方式实现，不管是革命还是改革，都依托于这个社会的主体力量结构的对比关系。土地革命之所有成功，因为其适应了农民对土地所有权的要求，适应了农业生产力发展的要求，从主体力量上，中国农民在中国共产党的领导下，经过了多年的土地斗争，在思想上更加成熟，革命意识也更加坚定，代表中国广大农民利益的中国共产党，在力量上战胜了封建地主阶级，取得了革命的胜利。而当中国共产党取得国家政权后，中国共产党必须还代表着广大人民的利益，其做出的各种政策和经济运行规则，都应符合这个利益集团的需求。中国的合作化初期是符合广大农民的利益需求的，特别是初级社的制度安排，取得了很好的效果。而从高级社开始，中国共产党在急速推进集体化的过程中，违背了农民的意愿，并没有反映农民的利益需求，所以，这种具有完全意义上的集体化最终失败了。

无论所有权归哪些人所有，对于土地的耕种，或者说具体劳动过程，都是由农民来完成的，农民劳动的积极性及其分工、协作程度，则与经营权的归属及实现形式相关，从这个角度讲，农地经营权与生产力更直接相关，对农业生产效率具有重要的影响作用。我国从小农经济向合作化的过渡，就是要通过互助合作的经营方式，实现了劳动分工与协作，提高了生产效率。在高级社和人民公社制度下，其统一经营的方式超越了生产力的发展水平，限制了农业生产力的发展，在这种情况下，还农民土地经营权，才能促进农民生产积极性和劳动生产力的提高，包产到户正是在经营权的变革下，促进了农业生产力的发展。因此，在一定社会制度和一定生产资料所有制下，经营权归谁所有及如何经营，对生产力的影响极其重大。在家庭联产承包责任制实行以后，在我国农村土地两权分离的条件下，土地的经营承包权也与公平性极其相关，因为我国农村面临着人多地少的资源限制，而乡镇企业的发展和农村劳动力向城市转移等都处于比较低级的阶段，大多农民靠务农生活，作为集体所有的土地，集体成员就应该有均等的经营承包权，这样也体现了社会主义生产资料占有的公平性。当然这在一定程度上影响了农业生产效率的提高，不利于实现规模经营等，所以我们要在农民均等的经营承包权的基础上，进行进一步的改革，我国农村土地两权关系应在公平的前提下，不断提高农业生产效率。

本章小结

从新中国成立后我国农地两权关系的变化给经济、社会带来的各种不同的影响来看，农地两权关系既由生产力决定、反映人与人之间的经济关系，又作用于

生产力和经济关系。从新中国成立后的各阶段农地两权关系变革的结果上可以看出，符合经济规律的生产力会得到促进，经济关系和社会关系也会更为协调；而违背经济规律的强制性做法，会对生产力造成破坏，也不利于协调经济关系和社会关系。

第六章 我国农地两权关系的未来发展

认识与总结规律的目的在于利用规律，指导实践，通过前文对我国农地两权关系演变规律的研究，本章将总结出应用这一规律应遵循的原则，指出我国未来农地两权关系变革的趋势。

第一节 我国农地两权关系变革应遵循的原则

在我国未来的农地两权关系变革中，要遵循以下几个原则：适应生产力的发展要求；在尊重农民利益的前提下处理好各利益主体间的利益关系；处理好农业生产中的公平与效率的关系。这些原则都是农地两权关系演变规律内容的转化与延伸，坚持这些原则有利于我们更好地进行农村实践上的变革。

一、按照生产力标准探索农地两权关系变革

生产力标准是指“以生产力自身水平或状况或是否有利于生产力的发展，作为划分一切社会发展阶段及衡量、检验、评判一切社会生活（包括经济、政治、文化等）合理与否的尺度。”① 生产力标准包括生产力自身的发展水平判断、以生产力标准划分社会发展阶段和判断生产关系优劣三个方面的含义，显然，农地

① 孟海贵．中国当代生产力研究［M］．北京：中国环境科学出版社，2002：102.

两权关系变革的演变及其与生产力的关系属于第三方面的含义。生产力是社会发展的根本动力，任何社会关系的变革都是由生产力推动的，最终也要受到生产力标准的检验，我国农地两权关系演变是由生产力决定的，其变革的成功与否也要以生产力这个标准来进行衡量。生产力是社会生产力，农地两权关系的变革要促进农业部门生产力的发展，促进国家整体生产力的发展，在一定时期内协调各部门间生产力的差异。

同时，由于生产力本身是一个开放的系统，促进生产力发展的同时，也要注意环境和资源保护问题，注意农业生产的可持续性发展。新中国成立后我国经济高速发展的同时，也带来了环境的恶化，虽然农业与工业相比情况较好一些，但农地资源保护问题、环境问题对于农业可持续性发展的限制问题也越来越突出。家庭联产承包责任制下农地所有权归集体，农地经营名为集体与农户双层经营，但集体权力虚位，实为农户个体经营。虽然我们一再延长农地承包时间，但还有不少农民贪图短期利益，出现了一些破坏农地质量的现象，如出卖自家地里的优质土层、农地经营中过度使用农药等。我们的农地两权关系应既能促进农业生产力的发展，又要注意保护生态环境，促进农地的可持续发展。在农业经济增长方式转变的问题上，科学地、从实际出发转变农业经济增长方式，在促进内涵增长、发展资本密集性规模经营方式的同时，考虑我国农村的资源禀赋条件，制定好农村剩余劳动力转移方面的措施。

我国农地两权关系还要根据个体生产力与总体生产力之间的关系，使其既能促进个体生产的发展，又能促进总体生产力这个合力的更大提高，使个体生产力与总体生产力之间互相补充、相互促进，过分地强调哪一个，都会使两者产生矛盾。过去我们农地两权关系的演变过程都充分说明了这一点，也必然成为我们进一步变革农地两权关系的重要影响因素。

生产力的发展是全人类共同的利益所在，作为社会主义中国，中国共产党代表的是最广大人民的根本利益，代表先进生产力的发展方向。发展先进生产力与广大人民的根本利益是一致的、是互相联系的，我们进行的农地两权关系的各种变革都应适应和促进生产力发展，包括经营者的生产积极性、劳动者的劳动积极性、劳动力素质的提高、农业科技的进步、生产工具的改进、农业经营和管理水平的提高等。

劳动力的主体是人，人可以通过体力和智力的付出创造生产力，随着人类社会的不断进步，智力对生产力的贡献比例越来越大，人的智力劳动可以使人获取科学知识，也可以使人有能力改造或发明新的生产工具，这些对生产力的发展都越来越重要。因此，农地两权关系的变革，一方面要能够促进人的体力劳动与智力劳动的发挥，另一方面更要促进人对科学知识的获取，要促进人在经营或劳动过程中不断改进生产工具和生产方法，提高经营和管理水平。在我国现阶段农地两权关系下，总体上看，农民既是经营主体，又是劳动主体，但农民的受教育水平偏低，一方面，小农经济的生产方式与农业科技进步存在矛盾；另一方面，农民的文化与生产技能的落后也不利于农业科技进步。所以，从生产力主体是人的角度来看，农地两权关系未来的变革应能促进农民知识水平和生产技能的提高，使务农的农民成为高素质的农业工人，务工的农民具有一技之长，参与农业经营管理的农民具有较高的管理水平。当然这需要一系列配套措施的制定与实施，单靠农地两权关系本身是无法做到的，但农地两权关系确实是制度建设中最基础的层面。

生产力的发展除了作为主体人本身的素质的提高和与人相关的科技进步外，还有一个非常重要的方面，就是生产工具的改进。小农经济的生产方式与大型的先进的生产工具的使用是不相适应的，在生产力水平较低的情况下，如何避免小农经济的生产经营方式的弊端，在尊重农民利益的前提下，联合小农经济形成规模经营，引入大量资本，使用更先进的生产工具，促进劳动生产率的大幅度提高，这都要通过农地两权关系的进一步发展和变革开始。近些年，一些地区进行了一些勇敢的尝试，有经验也有教训，我们应总结经验、吸取教训，不断探索适合各地区发展特点的农地两权关系变革。

二、尊重农民利益，提高农民生产和经营积极性

劳动力主体除了体力与智力劳动对生产力的发展具有重要意义以外，人的主体意识对于经营与劳动也有着重要意义，人的主体意识随着生产力的发展而不断进步。在原始社会，人不能离开群体而独自生存，人受自然的控制，没有主体意识，随着生产力的发展，人的生活技能和生产技能都不断提高，这样，人对于自

然的依赖就越来越少，人的主体意识开始产生并不断增强。与生产力发展相适应的人的主体意识的发展，使不同社会制度下对劳动力的劳动管理方式或管理意识不同，如奴隶社会是把人当作牲畜来使用和管理的。生产力的发展促进了人的主体意识的发展，使得对于劳动力的管理越来越体现人性化，在现代社会，无论是经营还是劳动，都越来越体现出以人为本。在社会主义中国，在中国共产党代表广大人民利益的前提下，我们所进行的各种改革都应体现以人为本，尊重经营者或劳动者的主体意识，这样，才能促进经营效率和劳动效率的提高，促进农业生产力和整体生产力的发展。

尊重人的主体意识，以人为本，在农地两权关系上就要协调好各利益主体间的利益关系，在非特殊时期，应把农民利益放在第一位，在保证农民利益的前提下，处理好国家、集体和个人之间的利益关系。三者的利益关系本来是没有对立和冲突的，好的农地两权关系不仅能使三者利益不冲突，而且反映三者利益的一致性，体现我国的国家利益、集体利益与个人利益的相互联系与促进性。过去我们的农地两权关系，有经验也有教训，经验是在尊重农民利益的前提下，处理好了国家、集体与个人的利益关系，而教训是有些时候我们通过行政手段，违背了农民利益，过分地强调了集体和国家利益，使三者的利益关系出现了矛盾性。

协调三者利益关系，促进三者利益协调发展，从部门关系的角度来看，要促进工农业部门的协调发展。现阶段，我国农业部门与工业部门相比较，生产力水平差距相当大，应该促进工业部门对农业部门生产的支持，促进先进农业生产工具的改进与使用。从国家的角度来看，应加大对农业部门的支持，新中国成立以来，我国农业对工业支持较多，现在提出工业反哺农业，国家首先要从财政政策上有所体现，如取消农业税政策等都是支持农业生产的重要措施。但在发展农业产业化或现代农业方面，我们应不断加大支持或投入力度，并做好各项配套措施的制定与实施，保证我们的政策具有可行性。从资源配置的角度去看，我国农地两权关系的变革应促进资本流向农业部门，特别是民间资本的流动，可以促进农地的规模化经营与产业化发展。

在农地两权关系方面，未来改革一定要多听听农民的心声，给农民更多的地权，不仅要提高农民的劳动效率，更要提高农民对于农地的经营积极性与经营效率。同时，要不断加强我国农村的民主建设，提高农村基层管理部门的管理水平，加强政府部门的服务意识，制定政策时要从农民的根本利益出发，发挥农民的政治意识，提高农民的社会地位，使农民的经济利益和其他利益都能得到保证和提高，最终促进集体利益与国家利益的最大实现。

三、在社会主义市场经济体制下，兼顾公平和效率

我国农地两权关系是在我国社会主义所有制基础之上的一种财产关系。“法的关系正像国家的形式一样，既不能从它们本身来理解，也不能从所谓人类精神的一般发展来理解，相反，它们根源于物质的生活关系。”① 在商品市场与劳动市场的交易过程中，买卖双方在达成一致后，卖方让渡自己的商品，买方让渡自己的作为一般等价物的特殊商品——货币，而交易的前提是各自都承认对方对商品的所有权，都能支配自己的商品。而所有权正是基于所有制基础上的一个法律范畴，所有制指生产资料归谁所有，是生产关系的基础，在一定生产力基础上规定着社会制度的性质。所有制先于所有权，只要存在国家，就存在所有制基础上的所有权。所以，法律意义上的财产关系是由生产关系所决定的，是生产关系在法律上的一种反映，我国的农地两权关系也一样，它必然要与社会主义生产关系相一致。

除了由生产资料所有制决定的特殊生产关系外，农地两权关系也要与生产关系一般——经济体制相适应。经济制度与经济体制本来就是相互联系、相互影响的，它们分别体现了生产关系的特殊性与一般性，一定的经济制度与经济体制相结合，基本可以概括一定社会的生产关系的全部内容。社会主义公有制与市场经济的结合与兼容，就形成了生产资料的所有权关系与各生产要素的配置问题，我国农地两权关系既要与社会主义公有制相适应，又要与市场经济体制相适应，它们既涉及公平问题，也涉及效率问题。

现阶段，我国农地两权关系必须在社会主义制度的约束下发展与变革。由始至今，人多地少一直是我国农村的资源禀赋情况，近年来，农村进城务工人员开始增多，农村劳动力转移开始出现，但由于受国家整体生产力发展水平的限制和

① 马克思恩格斯选集（第2卷）[M]．北京：人民出版社，1995：32.

各种制度的限制，这种劳动力转移在短期内不可能马上实现，所以，土地依然还是农民所依赖的主要财产。那么，在农村就必须坚持土地的公有制，这与社会主义制度是相适应的，土地归集体所有，集体中的农民就享有对土地财产的占有权，这样，在生产资料的所有上是公平的，而这种公平，与社会主义制度性质和中国共产党的性质都是相一致的。在社会主义生产资料公有制下，农民不再像在阶级社会中那样受剥削，也符合农民的利益，能够促进农民的生产积极性，兼顾了公平与效率。

同时，社会主义市场经济体制下，要素市场必须不断发展，才能促进生产效率的提高。农村土地作为一种生产要素，其所有权不能改变，那么其经营权必须放开，由市场来进行配置。在社会主义初级阶段的生产力尚不发达的情况下，若经营权统一归集体所有，就会限制经营权的灵活性，而将农地经营权交给农民，赋予农民更大的经营权，由市场来引导，可以促进土地这种生产要素的优化配置。资源的配置问题当然与生产效率严格相关，所以，农地两权关系与经济体制相适应，可以促进生产效率的提高。同时，农地经营权是按照人均的原则分给集体中的农民，所以也体现了社会主义的公平原则。

因此，我国农地两权关系，既要与经济制度相适应，又要与经济体制相适应，虽然两者都关乎公平与效率，但经济制度与公平性相关更大，经济体制与效率性相关更大，经济体制总是一定制度下的经济体制，所以，农地两权关系要在体现社会主义公平的前提下，促进农地的有效配置。

第二节 我国农地两权关系的发展方向与趋势

我国农地两权关系的未来发展必然会在持久稳定农村土地所有权的基础上进行，农地两权关系在一定时期内不变，随着农地经营权流转的深入和农民经营意识的增强，在集体作用的有效发挥下，农地两权关系会逐步螺旋式地回归统一。

一、农地所有权长时期保持稳定

多数学者认为我国农村土地所有权主权虚位，因此也产生了农地国有、农地私有、农地集体所有三种观点。我国未来农地所有权归谁所有，应从理论和实践两个角度来考虑。

虽然马克思从表现上看没有单独的关于所有权方面的著作，但我们都知道，所有制与所有权问题是马克思政治经济学的中心，其所有权理论是随着历史唯物主义的政治经济学的研究和法学思想的发展而不断发展和完善的。马克思从来没有单独地研究所有权，所有权始终是与所有制相适应的。所有制决定所有权，所有权是所有制的经济基础，脱离生产关系而研究所有权是不正确的。当然，所有权也反作用于所有制，所有权的发展和完善，可以巩固和发展所有制。

在奴隶社会所有制下，土地所有权表现为“土地所有者，和生产工具所有者，从而和包括在这种生产要素的劳动者的剥削者，是合而为一的”①；在封建土地所有制下，土地所有权表现为“农民同时就是他的土地的自由所有者，土地则是他的主要的生产工具，是他的劳动和他的资本的不可缺少的活动场所”②；在资本主义所有制下，土地所有权表现为：“非生产者对自然的单纯私有权，是单纯的土地所有权”，“土地所有权在这里表现为派生的东西，因为，现代土地所有权，实际上是封建的，但是由于资本对它的作用，发生了形态变化，因而它作为现代土地所有权所特有的形式是派生的，是资本主义生产方式的结果”③；在未来的自觉、有计划的自由联合体的共产主义社会下，“土地所有者阶级存在的基础就会消失”④，“如果土地所有权归人民所有，资本主义生产的整个基础，使劳动条件变成一个独立于工人之外并同工人相对立的力量的基础，就不再存在了”⑤。所有权是由所有制决定的，并与所有制相适应，随着生产力的发展，人

① 马克思恩格斯全集（第46卷下）［M］．北京：人民出版社，1980：259.
② 马克思恩格斯全集（第25卷）［M］．北京：人民出版社，1974：906.
③ 马克思恩格斯全集（第26卷Ⅱ）［M］．北京：人民出版社，1973：168.
④ 马克思恩格斯全集（第25卷）［M］．北京：人民出版社，1974：745.
⑤ 马克思恩格斯全集（第26卷Ⅱ）［M］．北京：人民出版社，1973：108.

们之间的生产关系随之发展，所有权也不断变革，并且，马克思指出："从一个较高级的社会形态的角度来看，个别人对土地的私有权，和一个人对另一个人的私有权一样，是十分荒谬的。甚至整个社会，一个民族，以至一切同时存在的社会加在一起，都不是土地的所有者。他们只是土地的占有者、土地的利用者，并且他们必须像好家长那样，把土地改良后传给后代"①。马克思在这里指出了所有权的发展规律及其最终归宿，再次说明了所有和占有含义的不同，指出了越高级的社会形态，越显示出占有在所有权关系中的重要性，而狭义的所有权则表现得越来越不明显。

中共十七届五中全会报告中指出，我国"仍处于并将长期处于社会主义初级阶段"，指出了我国的社会主义性质和发展阶段。关于我国社会发展阶段的认定，我们也经过了长时期的摸索，1979 年，中华人民共和国成立 30 周年，叶剑英在国庆讲话中初步提到了社会主义初级阶段的思想；1981 年中国共产党十一届六中全会通过了《关于建国以来党的若干历史问题的决议》，其中明确提到了"我国的社会主义制度还是处于初级的阶段"；1987 年，中国共产党十三大报告中系统地阐述了社会主义初级阶段的理论："正确认识我国社会现在所处的历史阶段，是建设有中国特色的社会主义的首要问题，是我们制定和执行正确的路线和政策的根本依据"，"我国正处在社会主义的初级阶段"包含两层含义："第一，我国社会已经是社会主义社会。我们必须坚持而不能离开社会主义。第二，我国的社会主义社会还处在初级阶段。"后来中国共产党不断地在实践和理论的探索中，发展和完善社会主义初级阶段理论，社会主义初级阶段理论对我国的社会制度和发展阶段进行了科学的界定，是在马克思生产力生产关系理论基础上对我国社会发展实际的科学发展，是中国共产党总结历史教训，适应我国生产力发展要求的对我国社会形态的科学概括。马克思把社会形态分为人的依赖、物的依赖和人的自由全面发展三个阶段，社会主义本应是共产主义的初级阶段，是在经过了资本主义强大的生产力积累基础上的发展阶段。而社会主义初级阶段是特指我国在没有经过资本主义巨大生产力的发展基础上所形成的社会主义制度，它既不同于资本主义制度，又不属于共产主义的初级阶段，它摆脱了人的依赖关系，但并没有

① 马克思恩格斯全集（第 25 卷）[M]．北京：人民出版社，1974：875.

摆脱物的依赖。所以，与物的依赖相对应的经济关系，包括私有制和市场经济等都将在社会主义初级阶段长期存在，因此，我们社会主义初级阶段的基本经济制度是“公有制为基础，多种所有制经济共同发展”。所有制决定所有权，在我国农村各种生产资料中，土地是最基本、也是最主要的生产资料，在我国现阶段的生产力发展水平上，土地对农民的保障功能是其主要功能，因此，社会主义的制度性质决定我国农村土地所有制应实行公有制，保障农民的基本生活和生产。

从我国实际来看，这些年学术界对于农村土地所有制形成了土地国有、土地私有和土地集体所有三种观点。土地国有是一种公有制，持这种观点的学者认为，我国农村土地集体所有制是建立在农村集体化的基础之上的，但并没有一个集体组织代替之前的人民公社，而农村基层管理组织的变化也只表现出其行政组织的性质，并非经济组织。若将土地收归国有，由国家统一调控，农民实行永佃制，那么就可以避免所有权主体虚位的情况。虽然持农地国有化的学者指出了农地国有化的诸多优点，但从我国目前的实际情况来看还不合适，我国工业化和城市化正在发展进程中，农地国有化会剥夺农民的经济利益，当然这不是指凭借所有权而征收的地租，主要指农地非农化的过程中，在国家或工商业对农地征用的过程中，农民在谈判中的地位是很低的，土地的不平等交易为城市工商业提供了巨额积累，若土地所有权归国家，那么则会更加严重。而我国农地两权关系演变规律告诉我们必须重视农民的经济利益，要协调好国家、集体和个人之间的利益关系。

持农地私有化的学者主要从农地所有权主体虚位出发，认为农地私有化会节省交易成本，促进农地的配置效率。虽然我国目前的经济关系还是物的依赖，但社会性质是社会主义，社会主义要以公有制为主体。公有制为主体在农村就要表现为土地公有，不能私有，土地在占有上必须公平，这样才能区别于阶级社会，才能符合广大人民的利益。另外，从历史经验来看，农地私有化后，土地买卖会越来越多，最后必然出现的结果是土地集中，在我国土地对农民主要发挥保障功能的条件下，土地集中会形成大量的贫困农民，农村会回到封建社会下的土地占有上的不公平。在社会主义制度下，要用“三个有利于”的标准来衡量一切生产关系，显然农地私有化的结果是不符合这个标准的，此外，一些学者认为，土地私有化可以促进农地的规模经营，促进农业生产率的提高，但是，在我国人多

地少的资源约束下，在农业生产力低下、土地只是保障功能的情况下，持有土地会成为农民们坚持的理想，这样，也不一定会促进农村土地的集中和规模经营。因此，农地私有化后，会出现土地占有不公的结果，这与生产力的发展要求和社会主义制度规定都是不相符的，不适合我国实际情况。

我国现阶段的农地集体所有制来源于人民公社时期的“三级所有，队为基础”，人民公社时期的“三级”指公社、生产大队、生产队，“队为基础”主要指以生产队为基础。人民公社解体以后，恢复农村建制，我国由“政社合一”的人民公社体制向“乡政村治”二元乡村治理模式过渡。对于中国农村土地所有制，中国现行法律的规定如下：①《宪法》。“农村和城市郊区的土地，除由法律规定属于国家所有的以外，属于集体所有；宅基地和自留地、自留山，也属于集体所有”（第十条）。②《土地管理法》。“农村和城市郊区的土地，除由法律规定属于国家所有的以外，属于农民集体所有；宅基地和自留地、自留山，属于农民集体所有”（第八条）；“农民集体所有的土地依法属于村农民集体所有的，由村集体经济组织或者村民委员会经营、管理；已经分别属于村内两个以上农村集体经济组织的农民集体所有的，由村内各该农村集体经济组织或者村民小组经营、管理；已经属于乡（镇）农民集体所有的，由乡（镇）农村集体经济组织经营、管理”（第十条）。因此，中国农村土地所有权主体有三个层次：乡镇、行政村和村民小组，而且大多数农村都遵循人民公社时期的“三级所有，队为基础”，村民小组（生产队）所有占多数。2006 年我国农村农民承包的土地中，属村所有的占 38%，属村民小组所有的占 62%。[①] 我国农村土地不能实行私有化，现实的生产力发展水平与相关实际情况又决定我国尚不能搞国有化，那么集体所有就还是一个必然的选择，它兼顾了现实的生产力要求和社会主义经济制度与经济体制的要求。并且，在社会制度发展过程中，生产资料所有制应是相对稳定和连续的，所有制的变革必须是由生产力推动并且能够促进生产力的发展的。我国农村土地集体所有制下实现了生产资料的公平分配，而其经营效率的问题我们应该放在土地的经营权上。至于学者们提到的农地所有权主体虚位的问

① 廖洪乐．中国农村土地制度六十年——回顾与展望［M］．北京：中国财政经济出版社，2008：202.

题，我们应该看到，现阶段农村土地集体所有分为三个层次，哪块土地归哪级集体所有是清楚的。农村土地纠纷并不是由于土地所有权权属不清造成的，而是由于上级侵犯下级的土地所有权，这种侵犯可能是有意也可能是无意的，有的是利用行政权力实现的，有的是利用国家利益或集体利益名义实现的，这属于侵权行为，并不是权属不清的问题，若是不清则无所谓侵权了。这从另外一个角度也说明，农地两权关系必须要处理好各利益主体间的经济利益关系，各级行政组织都应树立正确的利益观，正确运用手中的权力。此外，农村土地纠纷是围绕土地经营权展开的，多数是家庭内部分割土地经营权问题上的分歧，与农地所有权无关。

二、从分离走向统一

《中华人民共和国农村土地承包法》指出其立法的目的是“稳定和完善以家庭承包经营为基础、统分结合的双层经营体制，赋予农民长期而有保障的土地使用权，维护农村土地承包当事人的合法权益”，规定“农村土地承包采取农村集体经济组织内部的家庭承包方式”，“任何组织和个人不得剥夺和非法限制农村集体经济组织成员承包土地的权利”。承包方“依法享有承包地使用、收益和土地承包经营权流转的权利，有权自主组织生产经营和处置产品”，而发包方有“组织本集体经济组织内的农业基础设施建设”的义务。

作为农村主要生产资料——土地，分配的公平性不只表现在农村土地的公有制上，马克思反复指出所有和占有的区别，并且占有在所有权的诸多权利中居于核心地位，特别是在公有制的社会制度下，对生产资料的占有更具有实际意义，所以，农民平等地占有土地才能表现出土地分配的公平性。而我国农村土地的占有情况，则具体地表现在农村土地的承包经营上，集体内的成员有权平等地承包经营土地，体现了农村土地分配的公平性。我国现阶段的农民平等承包农村土地的制度，与我国的社会主义制度性质是相适应的，同时与市场经济体制的要求也是适应的。在农村生产力发展水平未实现大幅度提高的情况下，农村土地家庭经营的方式将长期存在，这样，我国农村土地两权分离的关系将长期持续。

同时，我们越来越关注农村土地分配公平下的农地经营效率问题，如何配置

农地资源才能提高农地经营的效率，提高农业生产力，促进农业生产，近年来无论在实践探索中还是在理论研究中，都非常重视这一问题。学者们认为我国农地经营的效率低下的原因，主要是农地家庭承包经营导致农地细碎化分散经营，限制了农地的规模经营，以至于不能实现规模经济。所以，我们才越来越大力度地支持农地经营权流转，通过农地经营权的流转，可以一定程度上解决这个问题。从我国家庭联产承包责任制实行一段时间以后，一些地区进行了如“两田制”、“反包”“入股”等各种形式的制度变革，力图实现农地经营的规模经济，虽然存在着诸多的问题与缺陷，但其都是在现有农地两权关系基础上的灵活应用，并没有改变现有的农地两权关系。正因为农民对于农地经营权平等分配符合农民的基础经济利益，所以，我们未来的改革也必须是在现有的农地两权关系基础上进行，既不能改变农地所有权，也不能改变农地经营权，只能使农地经营权的实现形式更为灵活，经济实现形式更为多样。同时，要加强制度建设与法制建设，农民依法对土地享有承包经营权，要增强农民的维权意识。经营权流转必须符合市场经济的规律，不管是农地非农化（主要指征收），还是在农地内部流转，都要以市场调节为主，宏观调节为辅，促进农地流转实现更大的收益，促进农地更有效率地得到利用，同时保证农民利益与集体利益。

法律规定我国农村土地经营方式是以家庭承包经营为基础、统分结合的双层经营体制，从实践来看，我国农村土地的经营方式确实做到了以家庭承包经营为基础，并且主要也是以家庭经营为主，所谓的双层经营并没有实现。而学者们所提的农地所有权主体缺位的问题，实际上是农地的集体经营权在农业生产中基本没有体现，并不是所有权的问题。也正因为如此，才把家庭联产承包责任制以后的农地两权关系界定为两权分离。在农村，集体对于农地经营所起的作用少之又少，这与人民公社时期相比有着积极的一面，确实促进了农地家庭经营的效率，提高了农民的生产积极性，促进了农业生产力的提高。但是，我们也应注意到，家庭联产承包责任制实行以后，农业生产力的提高主要来自农民的劳动积极性的提高，主要来自农民劳动生产率的提高，并不是来自经营积极性的提高，或者经营效率的提高。要提高经营效率，进而促进农业生产，规模经营确实是大势所趋，而农地的规模经营是离不开集体的参与的。我们所尝试过的农地规模经营的形式，有的是集体直接领导的，有的是在集体的引导下由企业或其他民间资本来实现的，不管是直接领导还是间接引导，集体始终应发挥重要的作用，以促进农民获得应有的经济利益，并且促进解决农地规模经营后所带来的一系列问题。在农地流转过程中要保证农民得到应得的经济利益，提高与相关资本的谈判地位，都需要一个集体组织存在，当然这与集体本身的管理水平、相关制度与建设等都密切相关，任何一方面不健全，都会导致一种合谋，会导致农民利益的缺失。另外，集体层面经营的减少，使集体所应承担的农业基础设施建设的义务也没有很好地完成，我国农村农业生产所依赖的农业基础设施基本还是农村集体化时期所建设的，农村集体化时期完成了大量的农业基础建设，对农业生产的发展起到了长效的支持作用，包括家庭联产承包责任制实行以后，农业生产依然身受其益。农地分散经营以后，在财政资金有限的情况下，难以进行大规模农田水利建设，集体与农民的积极性都不能够充分调动起来，集体的号召力减弱，农民为集体的农业基础设施所奉献义务劳动的积极性基本消失，在资金短缺与主体积极性较弱同时并存的情况下，农业基础设施建设必然落后。所以，在经营权流转和农地规模经营的过程中，集体的作用不可小视，并且其主要模式应是在集体的主导作用下，引入相关资金投入，发展具有区域特色的农地经营。集体可以进行积极的土地营销，宣传其拥有的土地的质量与特点，引入资金投入后，生产和经营特色农产品，进而促进农业的产业化发展。而如何引导其成员参与这种规模经营，则要根据各区域的经济发展条件，在尊重农民意愿的基础上促进农地的规模经营。总之，在深化农地经营权的基础上，农地经营权的流转必然会越来越多，农地的规模经营也会越来越多，在这个发展过程中，集体的作用是无可替代的，最终会形成相当多数的集体统一经营。集体经营可以促进农业机械化的发展，促进农业科技在农业生产中的应用，提高农业现代化水平，促进农业生产力的发展。随着生产力的发展，农村剩余劳动力转移的不断实现，城市化进程不断加快，这种集体经营会越来越多，农民只需凭借经营权的流转就可以获取经济收益，农民可以进城工作，也可以在集体经营的农场中工作。总之，从长期发展来看，我国农地经营权会在以农地家庭承包经营基础上、在农地流转机制的促进下，实现规模经营、实现集体经营，而在生产力发展到相当高的程度，在社会主义初级阶段完成之后，农地两权关系就会向集体所有制下的两权统一发展。

也就是说，我国农地两权分离会长期存在，在发展农业生产的过程中，会产

生越来越多的集体经营，从长远来看，我国农地两权关系会从两权分离走向两权统一。

本章小结

认识经济规律的目的在于利用经济规律，通过对我国农地两权关系演变规律的认识，我们应该明确在我国农地两权关系变革中，要在遵循适应生产力的发展要求、尊重农民利益的前提下，处理好各利益主体间的利益关系、处理好农业生产中的公平与效率的关系。我们要正确认识我国农地两权关系的未来发展方向：我国农地两权关系的未来发展必然要在稳定农地集体所有权的基础上进行，在相当长的时期内，农地两权分离一直存在，随着农地经营权流转的深入发展，集体在规模经营中作用的增强，我国农地两权关系会在分离的基础上一定程度地回归农地集体经营，而农地两权关系变革的长期趋势，必然逐渐由两权分离走向两权统一。

参考文献

［1］马克思恩格斯全集（第23卷；第25卷；第26卷Ⅱ、Ⅲ；第46卷上、下；第36卷）［M］. 北京：人民出版社，1972；1974；1973；1974；1979；1982；1975.

［2］马克思恩格斯选集［M］. 北京：人民出版社，1972.

［3］马克思. 资本论［M］. 北京：人民出版社，1975.

［4］马克思. 剩余价值理论［M］. 北京：人民出版社，1975.

［5］马克思. 政治经济学批判［M］. 北京：人民出版社，1955.

［6］马克思. 费尔巴哈：唯物主义观点和唯心主义观点的对立［M］. 北京：人民出版社，1988.

［7］马克思. 机器自然力和科学的应用［M］. 北京：人民出版社，1978.

［8］斯大林. 苏联社会主义经济问题［M］. 北京：人民出版社，1961.

［9］毛泽东选集（第1卷）［M］. 北京：人民出版社，1991.

［10］邓小平文选（第1卷；第2卷）［M］. 北京：人民出版社，1994.

［11］曼德尔. 论马克思主义经济学（上、下）［M］. 北京：商务印书馆，1979.

［12］道格拉斯·C. 诺思. 经济史中的结构与变迁［M］. 上海：上海三联书店，2003.

［13］舒尔茨. 改造传统农业［M］. 北京：商务印书馆，1987.

［14］伊利·莫尔豪斯. 土地经济学原理［M］. 北京：商务印书馆，1982.

［15］H. 登姆塞茨. 关于产权的理论［M］. 上海：上海人民出版社，1994.

［16］道格拉斯·C. 诺思. 制度、制度变迁与经济绩效［M］. 上海：上海三联书店，1994.

［17］科斯．企业、市场和法律（中译本）［M］．北京：上海三联书店，1990.

［18］斯蒂格勒．价格理论（中译本）［M］．北京：北京经济学院出版社，1990.

［19］康芒斯．制度经济学（上）［M］．于树生译，北京：商务印书馆，1962.

［20］阿尔钦．财产权利与制度变迁［M］．上海：上海三联书店，1994.

［21］王亚南．王亚南文选［M］．北京：中国社会科学出版社，2007.

［22］孟海贵．中国当代生产力研究［M］．北京：中国环境科学出版社，2002.

［23］吴宣恭．产权理论比较——马克思主义与西方现代产权学派［M］．北京：经济科学出版社，2000.

［24］温铁军．“三农”问题与制度变迁［M］．北京：中国经济出版社，2009.

［25］冯继康．“三农”难题与中国农村土地制度创新［M］．济南：山东人民出版社，2006.

［26］林毅夫．制度、技术与中国农业发展［M］．上海：上海三联书店，1992.

［27］黄和新．马克思所有权思想研究［M］．南京：南京师范大学出版社，2005.

［28］张宇，孟捷，卢荻．高级政治经济学——马克思主义经济学的最新发展［M］．北京：经济科学出版社，2002.

［29］许建文．中国当代农业政策史稿［M］．北京：中国农业出版社，2007.

［30］赵效民．中国土地改革史［M］．北京：人民出版社，1990.

［31］武力，郑有贵．解决“三农”问题之路——中国共产党“三农”思想政策史［M］．北京：中国经济出版社，2004.

［32］伍山林．农民、农村与农业发展——制度分析与实证考察［M］．上海：上海财经大学出版社，2006.

［33］林卿．农地制度与农业可持续发展［M］．北京：中国环境科学出版

社，2000.

[34] 赵冈．中国传统农村的地权分配[M]. 北京：新星出版社，2006.

[35] 陈小君．后农业税时代农地法制运行实证研究[M]. 北京：中国政法大学出版社，2009.

[36] 董栓成．中国农村土地制度改革路径优化[M]. 北京：社会科学文献出版社，2008.

[37] 何增科，周凡．农业的政治经济学分析[M]. 重庆：重庆出版社，2008.

[38] 中共中央国务院关于“三农”工作的十个一号文件[M]. 北京：人民出版社，2008.

[39] 廖洪乐．中国农村土地制度六十年——回顾与展望[M]. 北京：中国财政经济出版社，2008.

[40] 凌志军．历史不再徘徊——人民公社在中国的兴起和失败[M]. 北京：人民出版社，1997.

[41] 杜润生．中国农村改革决策纪事[M]. 北京：中央文献出版社，1999.

[42] 靳德行．中华人民共和国史[M]. 开封：河南大学出版社，1989.

[43] 陈明显．新中国四十年研究[M]. 北京：北京理工大学出版社，1989.

[44] 金春明．中华人民共和国简史（1949～2004）[M]. 北京：中共党史出版社，2001.

[45] 周志强．中国共产党与中国农业发展道路[M]. 北京：中共党史出版社，2003.

[46] 胡鞍钢．中国政治经济史论（1949～1976）[M]. 北京：清华大学出版社，2008.

[47] 宋连生．总路线、大跃进、人民公社化运动始末[M]. 昆明：云南人民出版社，2002.

[48] 李文．中国农村土地制度的昨天、今天和明天[M]. 延吉：延边大学出版社，1997.

[49] 岳琛．中国土地制度史[M]. 北京：中国国际广播出版社，1990.

[50] 赵俪生．中国土地制度史[M]. 济南：齐鲁书社，1984.

［51］徐汉明．中国农民土地持有产权制度新论［M］．北京：社会科学文献出版社，2009.

［52］陈锡文，赵阳，罗丹．中国农村改革30年回顾与展望［M］．北京：人民出版社，2008.

［53］陈华彬．物权法原理［M］．北京：国家行政学院出版社，1998.

［54］梁慧星．中国物权法研究［M］．北京：法律出版社，1998.

［55］程萍．财产所有权的保护与限制［M］．北京：中国人民公安大学出版社，2006.

［56］朱玉湘．中国近代农民问题与农村社会［M］．济南：山东大学出版社，1997.

［57］傅筑夫．中国经济史论丛续集［M］．北京：人民出版社，1988.

［58］成汉昌．中国土地制度与土地改革——20世纪前半期［M］．北京：中国档案出版社，1994.

［59］孔永松．中国共产党土地政策演变史［M］．南昌：江西人民出版社，1987.

［60］何东，清庆瑞．中国共产党土地改革史［M］．北京：中国国际广播出版社，1993.

［61］卜凯．中国土地利用［M］．台北：台湾学生书局，1971.

［62］叶扬兵．中国农业合作化运动研究［M］．北京：知识产权出版社，2006.

［63］新中国成立以来重要文献选编（第1册）［M］．北京：中央文献出版社，1992.

［64］新中国成立以来重要文献选编（第4册）［M］．北京：中央文献出版社，1993.

［65］新中国成立以来重要文献选编（第11册）［M］．北京：中央文献出版社，1995.

［66］邢乐勤．20世纪50年代中国农业合作化运动研究［M］．杭州：浙江大学出版社，2003.

［67］习仲勋．关于西北地区农业互助合作运动．新中国成立以来农业合作

化史料汇编[M]. 北京：中共党史出版社，1992.

[68] 向德楷，杨崇德. 中国农村合作经济[M]. 北京：中国财政经济出版社，1992.

[69] 苏星. 我国农业的社会主义道路[M]. 北京：人民出版社，1976.

[70] 中国社会科学院，中央档案馆 1949～1952 中华人民共和国经济档案资料选编（农业卷）[M]. 北京：社会科学文献出版社，1991.

[71] 刘少奇. 论中国经济建设[M]. 北京：中央文献出版社，1993.

[72] 黄道霞. 新中国成立以来农业合作化史料汇编[M]. 北京：中央党史出版社，1992.

[73] 史敬棠. 中国农业合作化运动史料（下册）[M]. 北京：生活·读书·新知三联书店，1959.

[74] 中华人民共和国国家农业委员会办公厅编. 农业集体化重要文件汇编（1949～1957）（上册）[M]. 北京：中共中央党校出版社，1981.

[75] 辛逸. 农村人民公社分配制度研究[M]. 北京：中共党史出版社，2005.

[76] 国家统计局农业统计司. 农业合作化和 1955 年农业生产合作社收益分配的统计资料[M]. 北京：统计出版社，1957.

[77] 中共中央文献研究室. 三中全会以来重要文献选编（上）[M]. 北京：人民出版社，1982.

[78] 韩俊. 中国经济改革 30 年：农村经济卷（1978～2008）[M]. 重庆：重庆大学出版社，2008.

[79] 本书课题组. 我国城乡关系、工农关系发展趋势研究[M]. 成都：西南财经大学出版社，1990.

[80] 张玉堂. 利益论：关于利益冲突与协调问题的冲突[M]. 武汉：武汉大学出版社，2001.

[81] 王伟光. 利益论[M]. 北京：人民出版社，2001.

[82] 苏宏. 利益论[M]. 沈阳：辽宁大学出版社，1991.

[83] 黎伦曙. 经济基础和上层建筑[M]. 广东人民出版社，1979.

[84] 白钢. 中国政治制度史[M]. 天津：天津人民出版社，2002.

［85］柏桦．中国政治制度史［M］．北京：中国人民大学出版社，1989.

［86］王向群．中国古代政治思想史论要［M］．长春：吉林文史出版社，2002.

［87］朱贻庭．中国传统伦理思想史［M］．上海：华东师范大学出版社，1994.

［88］曹德本．中国政治思想史［M］．北京：高等教育出版社，2004.

［89］鲁品越．生产关系理论的当代重构［J］．中国社会科学，2001（1）：14－23.

［90］邵慧萍．论总体生产力、个体生产力与生产关系的双重矛盾运动［J］．北京师范大学学报（社会科学版），2006（4）：124－127.

［91］刘明合，祁刚利．生产方式：生产力决定生产关系的中介［J］．生产力研究，2004（9）：50－52.

［92］刘峰．西方产权思想的演进脉络［J］．西南民族大学学报（人文社会科学版），2007（9）：98－104.

［93］叶祥松．西方经济学的产权理论［J］．当代亚太，2001（7）：50－56.

［94］刘星．生产力和生产关系结构变革的内在联系新探［J］．生产力研究，1996（2）：28－32.

［95］宋永强．我国新中国成立以来生产力和生产关系运作失误的溯源［J］．生产力研究，1990（5）：52－71.

［96］王和强．“规律”还是“规则”——对“生产关系一定要适合生产力状况的规律”的科学理解与逻辑阐述［J］．理论月刊，2009（5）：49－53.

［97］宋冬林，于群．从调整农村生产关系入手增强农业市场竞争力［J］．求是，2003（18）：31－32.

［98］曾世宏．从生产力和生产关系的角度理解“三农”问题［J］．理论界，2006（3）：225－227.

［99］卫兴华．关于生产力与生产关系理论问题的研究与争鸣评析［J］．经济纵横，2010（1）：1－5.

［100］褚孔志．对分工、生产力与生产关系的再认识［J］．前沿，2007（9）：3－7.

[101] 杨琪，吴练达. 分工是生产力还是生产关系[J]. 广西社会科学，2008 (1)：53-56.

[102] 陈立峰. 科学技术对生产力和生产关系的决定作用——兼论农村“家庭联产承包责任制”[J]. 税务与经济，2008 (4)：42-45.

[103] 陈维荣. “生产力决定生产关系”路径探讨[J]. 甘肃高师学报，2009 (4)：118-121.

[104] 胡仪元. 从生产力与生产关系的互动机制看当代社会生产力的发展[J]. 汉中师范学院学报（社会科学版），2003 (1)：23-27.

[105] 陈克俭. 从我国农业集体化再探生产关系要适合生产力性质规律的几个问题[J]. 厦门大学学报（社会科学版），1964 (2)：29-43.

[106] 王孝哲. 关于生产力和生产关系及其辩证关系之新见[J]. 江南大学学报（人文社会科学版），2006 (2)：30-61.

[107] 崔朝栋. 论生产关系两重性的关系及其与生产力的关系[J]. 经济经纬，2009 (5)：5-8.

[108] 包克建. 1997 年以来国内关于生产方式理论研究述评——兼论生产方式的内容结构及其相互关系[J]. 教学与研究，2005 (8)：77-83.

[109] 漆志平. 生产关系的含义、内容：基于马克思主义的分析[J]. 学理论，2009 (9)：77-79.

[110] 干丛，罗兴. 第一级生产关系内涵和广义生产关系——读《资本论》札记[J]. 福建论坛，1982 (4)：31-34.

[111] 刘全复. 关于生产关系内部辩证法的探讨——兼评斯大林生产关系的定义[J]. 求索，1981 (1)：56-63.

[112] 张作云. 关于 20 世纪中期以来生产关系结构问题争鸣的理论思考[J]. 江汉论坛，2007 (12)：16-21.

[113] 邓大才. 效率与公平：中国农村土地制度变迁的轨迹与思路[J]. 经济评论，2000 (5)：40-46.

[114] 陈建远. 生产关系研究述评[J]. 国内哲学动态，1986 (3)：1-3.

[115] 刘建民. 生产力决定生产关系的主体性辩证[J]. 生产力研究，2003 (3)：83-85.

［116］胡亦琴．新土地革命：浙江农村土地流转方式调查［J］．经济理论与经济管理，2002（6）：62－67.

［117］蒋永穆，安雅娜．我国农村土地制度变迁的路径依赖及其创新［J］．经济学家，2003（3）：54－59.

［118］靳相木．对改革开放以来中国农村土地制度研究的述评［J］．中国农村观察，2003（2）：14－24.

［119］李明秋，陆红生．中国农村土地制度创新模式研究［J］．中国农村经济，2001（12）：49－53.

［120］裴琪，孟祥仲．我国农村土地产权制度的创新分析［J］．东岳论丛，2002（5）：62－64.

［121］钱忠好．我国农地制度变迁的内在逻辑［J］．江苏社会科学，2009（3）：38－43.

［122］沈滨，柳建平．中国农村土地制度变革与农业绩效［J］．生产力研究，2003（1）：6－8.

［123］石霞，张燕喜．我国农村土地制度改革思路的评析与思考［J］．中共中央党校学报，2003（1）：82－87.

［124］隋广军，潘伟志．农村土地流转制度改革与农业发展［J］．暨南学报，2002（4）：38－42.

［125］王兴中．我国农地产权制度现状及其完善［J］．农村经济，2003（8）：45－47.

［126］吴群．我国农村土地制度改革面临的主要问题及发展方向［J］．求是学刊，2002（4）：48－52.

［127］吴晓华．改革农地制度，增加农民收入［J］．改革，2002（2）：119－124.

［128］肖飞，张光宏．农村土地使用权流转的效率分析［J］．武汉大学学报，2002（5）：532－536.

［129］张瑜，钱海滨．试论我国农村土地产权制度建设［J］．中国土地，2003（1）：10－13.

［130］张红宇．中国农地调整与使用权流转：几点评论［J］．管理世界，2002

(5)：76－87.

［131］张红宇．中国农地制度变迁制度绩效：从实证到理论的分析[J]. 中国农村观察，2002（2）：21－25.

［132］张红宇等．农地使用制度变迁：阶段性、多样性与政策调整[J]. 农业经济问题，2002（2）：12－20.

［133］张进选．家庭经营制：农业生产制度长期的必然选择[J]. 农业经济问题，2003（5）：46－80.

［134］孔碧，马凤才．农村土地两权分离制度的完善[J]. 农业经济，2003（2）：26－27.

［135］李笠农．所有权新论[J]. 财经问题研究，1988（10）：32－35.

［136］焦武峰，桑轶儒．论所有权的社会性[J]. 湖南省政法管理干部学院学报，2002（2）：27－29.

［137］萧诗美．黑格尔的所有权理论及其对马克思的影响[J]. 马克思主义哲学研究，2009（11）：167－185.

［138］李锡鹤．所有权定义形式之比较——与梁慧星先生商榷[J]. 法学，2001（7）：24－28.

［139］韩松．论所有权的定义方法[J]. 甘肃政法学院学报，2007（5）：1－9.

［140］张兴茂．所有制·所有权·产权[J]. 河南大学学报（社会科学版），1996（3）：18－22.

［141］吴易风．马克思的产权理论与国有企业产权改革[J]. 中国社会科学，1995（1）：4－24.

［142］魏振瀛，钱明星．论所有权[J]. 北京大学学报（哲学社会科学版），1989（3）：43－52.

［143］王权典，陈维君．农地承包经营权流转形式之立法检讨[J]. 甘肃政法学院学报，2010（1）：108－115.

［144］赵美玲，杨秀萍，王素斋．农村土地承包经营权流转：现状、问题与对策[J]. 长白学刊，2010（6）：92－97.

［145］李蓓．土地承包经营权互换研究[J]. 内蒙古社会科学（汉文版），

2010（2）：32 -36.

［146］龙文明．简析我国农地制度创新中的问题及其对策[J]. 贵州师范大学学报，1997（1）：72 -76.

［147］张聚昌．论生产力决定生产关系的介质结构[J]. 理论探讨，2007（3）：69 -74.

［148］陈永正．所有权何以成为“绝对权利”［J]. 经济学家，2002（4）：118 -119.

［149］王坤．绝对所有权概念解析[J]. 中共山西省委党校学报，2008（3）：72 -74.

［150］牛立夫．对我国所有权“三分法”的法学思考[J]. 内蒙古社会科学（汉文版），2005（2）：48 -51.

［151］温铁军．我国粮食供求的5次波动[J]. 科技导报，1999（1）：3 -5.

［152］董志凯．三大改造对我国工业化初创阶段的两重作用[J]. 中共党史研究，1989（1）：56 -61.

［153］孙黎黎．论所有权的历史流变——以民法法系为视角［D]. 西南政法大学博士学位论文，2009.

［154］贾娅玲．我国农地保护的法治化研究［D]. 中央民族大学博士论文，2009.

［155］冯继康．中国农村土地制度：历史分析与制度创新［D]. 南京农业大学博士学位论文，2005.

［156］Armen A. Alchian, Harold Demsetz. Production, Information Costs and Economic Organization [J]. The American Economic Review, 1972, 62 (5): 777 -795.

［157］Benjamin Klein, Robert G. Crawford, Armen A. Alchian. Vertical Integration, Appropriable Rents and the Competitive Contracting Process [J]. Journal of Law and Economics, 1978, 21 (2): 297 -326.

［158］Bengt Holmstrom, Jean Tirole. Market Liquidity and Performance Monitoring [J]. Journal of Political Economy, 1993, 101 (4): 678 -709.

［159］Bengt Holmstrom, Jean Tirole. Modeling Aggregate Liquidity [J]. The American Economic Review, 1996, 86 (2): 187 -191.

[160] Bengt Hölmstrom, Moral Hazard. Observability [J]. The Bell Journal of Economics, 1979, 10 (1): 74 -91.

[161] Fama E. , Jensen, M. Separation of Ownership and Control [J]. Journal of Law and Economics, 1983, 26 (2): 301 -325.

[162] Eugene F. Fama. Efficient Capital Markets: A Review of Theory and Empirical Work [J]. The Journal of Finance, 1970, 25 (2): 383 -417.

[163] Eugene F. Fama, Kenneth R. French: The Cross - Section of Expected Stock Returns [J]. The Journal of Finance, 1992, 47 (2): 427 -465.

[164] Eugene F. Fama. Agency Problems and the Theory of the Firm [J]. Journal of Political Economy, 1980, 88 (2): 288 -307.

[165] Oliver Hart, John Moore. Property Rights and the Nature of the Firm [J]. Journal of Political Economy, 1990, 98 (6): 1119 -1158.

[166] Harold Demsetz. Toward a Theory of Property Right [J]. American Economic Review, 1967, 57 (2): 347 -359.

[167] Sanford J. Grossman, Oliver D. Hart. Takeover Bids, The Free - Rider Problem and the Theory of the Corporation [J]. The Bell Journal of Economics, 1980, 11 (1): 42 -64.